引导式管理

目标导向的自我管理新范式

FACILITATED MANAGEMENT

徐宗浩◎著

当代世界出版社
THE CONTEMPORARY WORLD PRESS

图书在版编目（CIP）数据

引导式管理：目标导向的自我管理新范式/徐宗浩
著. -- 北京：当代世界出版社，2024.9
ISBN 978-7-5090-1801-9

Ⅰ.①引… Ⅱ.①徐… Ⅲ.①自我管理-通俗读物
Ⅳ.①C912.1-49

中国国家版本馆CIP数据核字（2024）第001571号

书　　名：	引导式管理：目标导向的自我管理新范式
出 品 人：	李双伍
监　　制：	吕　辉
责任编辑：	李俊萍
特约编辑：	刘一冰
装帧设计：	久品轩
出版发行：	当代世界出版社有限公司
地　　址：	北京市东城区地安门东大街70-9号
邮　　编：	100009
邮　　箱：	ddsjchubanshe@163.com
编务电话：	（010）83908377
	（010）83908410转806
发行电话：	（010）83908410转812
传　　真：	（010）83908410转806
经　　销：	新华书店
印　　刷：	北京汇瑞嘉合文化发展有限公司
开　　本：	880毫米×1230毫米　1/32
印　　张：	7.25
字　　数：	155千字
版　　次：	2024年9月第1版
印　　次：	2024年9月第1次
书　　号：	ISBN 978-7-5090-1801-9
定　　价：	69.00元

法律顾问：北京市东卫律师事务所 钱汪龙律师团队（010）65542827
版权所有，翻印必究；未经许可，不得转载。

序　言

　　大数据、人工智能、移动互联网、物联网、云计算改变着世界。组织内外部环境快速变化，知识工作者成为员工的主体，组织结构变得更加扁平。面对这些挑战，组织需要凝结团队的智慧，快速对市场环境的变化做出反应。

　　想要激活个体，使其为组织的目标贡献力量，不仅需要建立一套体系使其能够通过自我控制来实现目标，更需要为其建立目标导向的自我管理新范式。管理者通过管理方式的改变，使团队成员对目标达成共识，在此基础上构建自我控制的管理体系，以代替外部的管理和控制，从而使团队成员自发地朝目标迈进，管理者的领导力也能随之得到提升。

　　在知识社会中，如何有效管理？如何通过管理来引领组织发展与变革？现代管理学之父彼得·德鲁克（Petor F. Drucker）对此进行了深入研究。本书以彼得·德鲁克的目标管理思想为基础，结合引导的方法论和流程，旨在帮助管理者建立一套切实可行的目标导向的自我管理的理论和方法。

引导式管理：目标导向的自我管理新范式

本书可以帮助读者实现以下目标：

1. 通过引导式管理，建立起一套可以使组织自我管理、自我控制的体系，从而更加有效地应对外部环境的不确定性，促进组织和个体快速成长。

2. 针对管理者的主要工作场景，比如战略思考、目标分解、复盘、团队建设等，提供解决方案。每个场景都从流程、方法、管理者的任务、责任状态等角度，帮助管理者厘清带领团队的具体做法和背后的管理原则。

3. 本书阐述了引导式管理和引导式管理者的全新概念，理论和实践相结合，解决了偏重理论的著作很难落地、偏重工具的著作没有理论深度的问题，旨在打通管理者管理实践的道、法、术。在彼得·德鲁克管理理论框架的基础上，提供了切实可行的落地方案。

4. 本书建立了引导式管理者的胜任力模型，可以帮助管理者找到提升的方向。引导式管理，不仅是一种管理他人、激活他人和组织的方式，也是提升自我领导力的有效方式，在践行引导式管理的同时，领导者自己的领导力也能得到提升。通过这本书，管理者还可以加深对领导力的理解，并找到更多提升领导力的方法。

本书可以作为管理者、引导师、培训师的工具书。本书提供的管理解决方案，可以广泛应用于日常管理和行动学习的项目中。

目　录

第一章　引导式管理，一种管理的新范式 … 1
第一节　VUCA时代需要新的管理方式 … 2
第二节　何谓引导式管理 … 5
第三节　引导式管理使海外公司达成共识的案例 … 19

第二章　真诚对话，群策群力 … 31
第一节　让团队成员真实表达的挑战 … 32
第二节　让团队成员真实表达的关键 … 33
第三节　让团队成员真实表达的案例 … 35
第四节　让团队成员真实表达的典型引导工具和方法 … 45

第三章　共创战略目标，明确方向 … 51
第一节　共创战略目标的挑战 … 52
第二节　共创战略目标的关键 … 54
第三节　共创战略目标的案例 … 63
第四节　共创战略目标的典型引导工具和方法 … 77

第四章 目标分解，行动落地 ………………………… 83
- 第一节 目标分解的挑战 ………………………… 84
- 第二节 目标分解的关键 ………………………… 85
- 第三节 目标分解的案例 ………………………… 92
- 第四节 目标分解的典型引导工具和方法 ………… 100

第五章 基于优势，激发改善 ………………………… 107
- 第一节 促使团队快速发展的挑战 ………………… 108
- 第二节 促使团队快速发展的关键 ………………… 110
- 第三节 促使团队快速发展的案例 ………………… 118
- 第四节 促使团队快速发展的典型引导工具和方法 … 127

第六章 复盘反思，目标必达 ………………………… 131
- 第一节 复盘面对的挑战 ………………………… 132
- 第二节 有效复盘的关键 ………………………… 134
- 第三节 有效复盘的案例 ………………………… 145
- 第四节 复盘典型引导工具的应用 ………………… 154

第七章 成为引导式管理者 …………………………… 157
- 第一节 何谓引导式管理者 ……………………… 158
- 第二节 引导式管理者的核心胜任力模型 ………… 164
- 第三节 有效沟通与积极反馈 …………………… 175
- 第四节 双钻石思考模型 ………………………… 189
- 第五节 成为高效会议的推动者 ………………… 196
- 第六节 由内而外的体系化成长 ………………… 200

第八章	进阶引导式领导者	203
第一节	正确理解领导者和领导力	204
第二节	从管理者到领导者	206
第三节	引导式管理者的价值体系	209
第四节	引导式管理助力管理者成为领导者	213

结束语　迈向引导式领导者之路 …………………… 217

第一章

引导式管理，一种管理的新范式

什么是引导式管理？本书对引导式管理的定义为，通过使用引导的理念和工具，让管理者和团队成员一起找到团队的目标，达成共识，群策群力，全力实现目标或者超越目标的闭环过程。在此过程中，个体得到激发，团队得到激活。如果在管理中很好地使用引导的方式和方法，那么管理将会变得更加容易。

第一节　VUCA 时代需要新的管理方式

一、如何应对外部环境的不确定性

当今是 VUCA 时代，那么，何谓 VUCA？V（volatility）即易变性，U（uncertainty）即不确定性，C（complexity）即复杂性，A（ambiguity）即模糊性。虽然每一代人都会面临 VUCA 的挑战，但最近几十年，VUCA 的特点变得越来越明显，组织的外部环境变得更加复杂。在 VUCA 时代，管理者原来所谓的成功经验很有可能会变成前进中的负担，阻碍组织发展。在 VUCA 时代，一线管理者的管理能力变得越来越重要。

对此，组织中的管理者应该如何应对呢？

第一，要关注外部环境变化的趋势。可能最了解外部环境变化的，不是企业的高层管理者，而是一线面向顾客的员工，或者是顾客自己。引导式管理可以帮助管理者创造安全的对话环境，让顾客和一线员工可以发声，进而获取不同视角的信息。同时，管理者需要更加严谨、系统和结构化的思考逻辑，从而和员工一起洞察外部环境变化的趋势。

第二，打造快速适应变化的组织。只看到外部环境的变化趋势还不够,组织还需要适应外部环境的变化,在把握外部环境变化趋势的前提下,快速反应,取得优势地位。引导式管理可以帮助组织将长期愿景分解成短期目标,让团队成员对前进的方向、前进中的阻力形成共识,并找到解决方案,从而使组织形成一种能应对快速变化的文化。引导式管理可以帮助组织实现通过自我控制主动应对变化,而不是被迫应对变化。组织通过自我控制主动应对变化,成本更低,效果也更好。

第三,要持续不断地创新。应对未来最好的方法就是去创造未来,创造未来就需要企业能够持续不断地创新。引导式管理,可以帮助组织凝结智慧,洞察顾客的真实需要,以成本更低的方式抓住创新的机会。更为重要的是,引导式管理可以帮助组织打造创新的组织文化。

第四,打造对结果负责的组织文化。在外部环境快速变化的前提下,快速取得阶段性成果,对于组织的成功至关重要,因此,组织需要打造对结果负责的文化。引导式管理可以帮助团队成员对目标达成共识,增加他们对目标的拥有感和投入度,激发大家的热情,并且通过复盘、反思等引导活动,帮助团队成员紧紧围绕目标展开工作,对结果负责。

引导式管理可以帮助管理者更有效地识别问题和机会,激发员工的参与热情,构建面向组织外部的目标导向的自我管理新范式。采用引导式管理,员工的工作效率将会得到极大提高,管理者的领导力也会得到提升。

二、如何激励新生代员工

新生代员工已经成为员工的主体，他们有个性，受教育程度较高，创造力也更强。新生代员工对组织来说越来越重要，但流动性也更大。想要激发新生代员工的主动性和积极性，而不是让他们被动接受工作，组织的管理方式需要实现从管控到激励，从激励到自我控制的转变，而引导式管理无疑是非常有效的管理方式。

对于新生代员工来说，命令式的管理会适得其反，愿景和使命更容易激发他们的积极性。要求他们做什么之前，要让他们理解为什么这样做，做事的原则是什么，而不是强迫他们做。当管理者试图强迫他们改变时，他们很有可能会选择辞职或者消极的方式应对工作。

引导式管理可以让新生代员工更容易看到组织的使命和愿景及整体要求，并且让他们感受到这与他们的关系是怎样的。多样性的员工是组织的财富，好的管理可以发现员工的优势，并让员工将优势发挥出来，避开其短板。引导式管理可以帮助员工思考：自身优势是什么？在组织中的梦想是什么？组织可以提供什么？实现梦想的方法有哪些？与其他成员如何相互配合？……员工通过这种结合自身优势的方式主动思考，会更加积极地投入工作。

想要激励新生代员工，就要使用他们可以接受的语言和表达方式。引导式管理可以有效提升管理者的倾听能力、提问能力，进而帮助管理者和新生代员工进行有效沟通。这将使管理者更容易获得新生代员工的认可。

想要让新生代员工做到自我控制，仅有积极性是不够的，还需要建立良好的工作氛围和管理体系，让他们可以实现自我控制。引导式管理可以创造一种相互竞争、相互促进的工作氛围，让新生代员工能够主动去设定较高的目标，实现自我控制。同时，引导式管理也可以让员工主动思考，为了实现自我控制需要什么样的组织氛围、规则和流程。

引导式管理是建立在对员工的尊重和激发其创造力的基础上的。引导式管理的使用，会降低管理者管理新生代员工的难度，提升管理者管理的有效性，真正激发新生代员工的创造力，提升其对工作的投入度，帮助其更快成长。

第二节 何谓引导式管理

一、彼得·德鲁克对管理的定义

在讨论什么是引导式管理之前，我们首先需要正确理解管理。现代管理学之父彼得·德鲁克在自己的书中并没有精准地定义管理，而是从多个维度（系统、人性、组织）去讲管理。

在一次对彼得·德鲁克的采访中，记者问他管理是什么，他说了这样一句话，管理就是"界定企业的使命，激励和组织人力资源去实现使命。界定企业使命是企业家的任务，而激励和组织人力资源是领导力的范畴，两者的结合就是管理"。这句话可以看成彼得·德鲁克对管理的定义。

管理首先需要界定企业使命，然后将企业使命转换成企业目标，并明确目标是什么。因此，管理要做的第一件事情就是清晰地制定企业目标。管理就是为目标服务的，只有通过管理，才能将目标转化为成果。制定目标后我们还需要明白，组织中所有的工作、所有的事情都是由人来完成的，所以管理是关于人的工作。管理的过程符不符合人性，能不能让人性中善的一面产生结果，让人性中不好的一面无处发挥……这些都是管理需要解决的。

引导式管理是一种非常人性化的管理方式。那么，如何通过管理人来实现目标呢？彼得·德鲁克告诉我们，需要通过激励和组织来管理人。这就需要恰当的岗位设置，使人岗匹配，以发挥人的优势，提升绩效，再通过绩效带来的成就感来管理人。

二、正确理解激励

引导式管理是一种可以有效帮助管理者激励员工的管理方式。彼得·德鲁克说："关于激励的书很多，但很多管理者对激励知之甚少。"人们对激励的理解也不一样，那么激励到底是什么？员工在什么时候容易被激励？对这个问题的答案，很多人的第一反应是升职加薪。职位得到升迁，收入得到增长，员工肯定会被激励，但我们需要思考的是，这种激励方式的时效是长期的还是短暂的。

虽然金钱和地位上的奖励很重要，但是这种奖励很难持久。那么，人被激励的根本原因是什么？人被激励的一个最根本的原因就是人在工作中所获得的成就感。人在什么时候有成就感呢？在取得成绩，得到上司、同事、下属、客户等给予肯定的时候。所以，在工作中取得成绩并得到肯定，是员工被激励的最根本原因。

当然，我们并不是说升职加薪不是激励，而是要从更多维度去理解激励。员工取得成绩，对组织做出了贡献，当然需要给予收入或者职位上的奖励，但只强调升职加薪，对组织和个人都没有好处。员工取得成绩，从而职位得到了升迁，也得到了相应的经济回报，却并不是为了职位和回报才取得成绩。

所以，成绩本身就是对员工最大的激励，但是工作本身对员工来说并不是激励，关键是如何让员工有成就感地去工作，这是激励的源泉。引导式管理可以帮助员工找到方向，排除前进的障碍，从而使整个组织的绩效水平得到提高。

三、引导的定义

"引导"是由英文单词 facilitation 翻译过来的，这个词的本义是"促进、简单化"，也就是一种使事情变得容易的方法。我们也会把facilitation翻译成触动、催化等，但都不是非常准确，本书参照国际引导师协会对facilitation的翻译，采用了"引导"一词。本书对引导的定义为：引导是在引导者的带领下，依据会议的目标，通过对话有效地识别问题和机会，对解决方案达成共识，激发员工行动的过程及方法。

引导是一系列的过程，在这一过程中出现了一个拥有新身份的人，就是引导者。引导者可以是团队内的成员，也可以是团队之外的人。引导者要参与研讨会的全过程，并带领参与者在研讨会中一起实现预定的目标。我们对引导者的很多要求和领导力的要求类似，因此，如果一名管理者掌握了引导的方法，对其提升领导力帮助很大。

四、引导的特点

（一）引导不是控制，引导者对过程负责，对内容保持中立

引导不是领导者或者组织者通过引导控制参与者按照领导的想法、意愿去讨论。引导是通过引导技术的使用、流程的设计和引导者的状态，帮助参与者更容易地找到目标，并且找到实现目标的方法。

那么，怎样才能带领大家通过研讨制定目标，并对解决方案达成共识呢？能否获得参与者的信任至关重要。引导者组织的是群体活动，不是针对某个人的活动，引导者应该是过程管理的专家，却需对大家研讨的内容保持中立。引导者是对大家

的研讨流程、研讨方式负责任的人，要从专业视角设计出让大家更愿意参与的活动。引导者对内容应保持中立，是因为内容是由所有的参与者贡献的，参与者对研讨结果负责，而引导者对研讨过程负责。

（二）引导不等于引导工具

很多学习引导的管理者是从引导工具开始学习的，比如团队共创、世界咖啡、画廊漫步、鱼缸会议等，但是引导不等于引导工具，引导工具是引导体系中非常重要的基石，但是只知道引导工具是做不好引导的。引导者可以根据目标需要灵活使用引导工具，但引导工具很难解决管理问题。

（三）引导要有清晰的流程设计

想要整体管理研讨会流程，引导者需要有清晰的流程设计。在设计流程的过程中，引导者需要注意两点：第一点是大家研讨的先后顺序是什么，先讨论什么话题，再讨论什么话题，前后话题之间的逻辑关系是什么；第二点是如何让参与者由浅入深展开对话，充分表达自己的想法，经过讨论，最终达成共识。这些都需要在设计引导流程时考虑。另外，引导者在设计引导流程时，还要考虑大家的参与方式及想要营造什么样的讨论氛围。

（四）引导者的状态很重要

有了引导工具和清晰的引导流程还不够，引导者的状态也是非常重要的。如果引导者自己（外部）在团队中没有相应的职位，要想获得大家的支持，就要先取得大家的信任。这时，引导者的状态就显得尤为重要。引导者是否发自内心相信团队的智慧、相信引导的力量，能否把大家的智慧、引导的力量展示到行为和语言中，都与引导者的状态密切相关。

（五）引导是一套方法体系

综合来说，不能简单把引导说成是一种技术，它是一套方法体系。它涵盖了三部分，即引导工具、引导流程、引导者状态（见图1-1），只有把这三者结合在一起，引导者才能够和参与者一起去实现研讨的目标，并且拥有"1+1+1=∞"的力量。

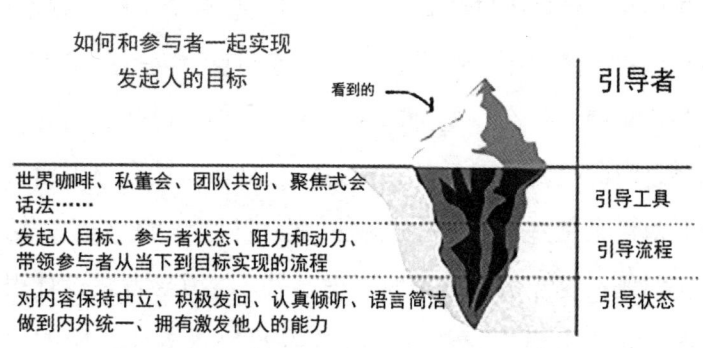

图1-1　引导是一套方法体系

五、引导能极大地提升管理的有效性

引导者可以由团队内部的人担任，也可以由团队外的人担任。团队内部的人，可以是团队的领导，也可以是团队的成员。如果团队的领导或者团队成员能够担任引导者的角色，那么更有利于帮助团队达成共识，提升管理的有效性。

引导者在做项目时，首先要确定这个项目的目标是什么。你会发现这跟彼得·德鲁克对管理的定义是一致的：管理需要界定企业的使命，引导需要确定项目的目标。

引导者在整个项目中需要做什么呢？主要是帮助团队成员通过对话有效地识别问题和机会，并使团队成员对解决方案达成共识。因为解决方案是团队成员之间通过对话达成共识的，所以这一过程也是团队成员发生改变的过程。团队每位成员的观点都充分表达，并得到了尊重，所以每个人都会得到激发，每个人都有可能开始行动。这样的过程是非常符合人性的，是有效激发组织成员的方法。

六、引导式管理通过目标管理和自我控制来管理

什么是引导式管理？本书对引导式管理的定义为，通过使用引导的理念和工具，让管理者和团队成员一起找到团队的目标，达成共识，群策群力，全力实现目标或者超越目标的闭环过程。在此过程中，个体得到激发，团队得到激活。如果在管理中很好地使用引导的方式和方法，那么管理将会变得更加

容易。

引导式管理通过目标管理和自我控制来管理。这一点可以在彼得·德鲁克关于管理哲学的论述中得到印证。

在《管理》一书中,彼得·德鲁克说:"我轻易不用'哲学'这个词,甚至根本不愿意用,因为它太大。但是,我认为把目标管理和自我控制称为一种管理哲学是合适的。它的基础包括管理职务这个概念,包括管理群体的需要及其面临的障碍,包括人的行动、行为和激励这些概念。最后,它还适用于所有的管理者,无论其级别高低;适用于所有的组织,无论其规模大小。它能把客观需要转化为个人目标,从而确保取得出色的绩效。这才是真正的自由。"

彼得·德鲁克把目标管理和自我控制称为管理哲学,认为一个管理者如果能够通过目标管理和自我控制进行管理,也就实现了管理的自由。通过引导的理念和方法,管理者和团队成员之间、团队成员彼此之间都可以展开对话,从而对前进的方向达成共识,对目标达成共识,对实现目标的方式达成共识。团队成员达成共识的目标并不是管理者或者领导要求的,而是他们根据自己的工作岗位和组织的工作任务决定的。

管理者可以通过很多引导方法,比如说战略目标制定的方法、战略目标分解的方法,很好地帮助员工明白要干什么。在目标完成之后,又可以通过复盘来让整个团队知道做了什么,让每个个体知道自己对团队的贡献是什么。复盘可以很好地实现彼得·德鲁克所讲的自我控制。

关于为什么要自我控制，彼得·德鲁克说："管理者要想控制自己的绩效，仅仅了解自己的目标是什么是不够的，他们还必须能够对照目标对自己的绩效和结果进行衡量……所有管理者都应该得到衡量自身绩效所需的信息，并且必须非常及时，以便做出必要的调整，从而取得预期的结果。这些信息应该交由管理者本人，还有他的上级。它应该成为自我控制的手段，而不是上级实施控制的手段。……目标管理和自我控制都要求管理者进行自我约束。它会迫使管理者更加严格地要求自己，绝不是放任自流……"

彼得·德鲁克提出的管理哲学希望组织中的管理者都能够通过自我控制进行管理，而不是通过控制他人进行管理。引导式管理是践行彼得·德鲁克管理哲学思想的一种很好的方法论，可以把彼得·德鲁克那些抽象的概念落实成一个个具体的动作和行为。践行彼得·德鲁克的管理哲学，需要关注两个维度。一个维度是如何让团队成员自愿制定较高的绩效目标，在此过程中，管理者需要通过自我控制去营造积极向上的团队氛围，并且让员工获取制定目标所需要的所有信息，让员工在自己想要的和组织想要的之间做出选择。另一个维度是在目标制定之后，管理者需要通过自我控制，让团队成员可以通过自我控制朝目标迈进。引导式管理对这两个维度的管理工作都是非常有效的。

引导式管理者管理团队，首先可以通过战略思考的引导、

引导式管理：目标导向的自我管理新范式

目标分解的引导去设想整个组织的目标是什么。当组织的目标确定以后，可以通过复盘帮助整个团队打造一种自我控制的环境。如果在复盘的过程中发现团队成员的成长还存在一些问题，可以引导团队用欣赏式探询等方式，帮助团队成员找到成长路径，与此同时，团队成员的视野也将得到拓展。如果遇到问题，也可以通过问题分析与解决的引导，聚焦具体问题，寻求解决方案。

对于团队的个体来讲，引导式管理可以帮助和激发每个员工找到工作的方向，找到实现目标过程中的障碍，并且帮助员工清除障碍。

所以说，引导式管理既是践行彼得·德鲁克管理哲学的一种有效方式，也是提升管理有效性的一种方式。采用引导式管理，会给组织带来以下益处。

第一，员工得到激发。在引导的过程中，管理者会更多地倾听员工的声音，并且在行动之前和员工一起讨论这项工作的目标是什么，大家实施的困难是什么。通过引导工具的使用，团队成员能够投入讨论，参与整个过程。这个过程，也是大家达成共识的过程。因为目标和实施方案都是团队成员自己提出来的，所以他们更愿意执行，并且在讨论的过程中，很多障碍已经被排除。于是，随着对话的进行，变化也自然而然发生，员工会实现从"要我干"到"我要干"的转变。

第二，管理的流程会更加清晰。因为引导式管理是目标导向的，通过各种工具、方法、流程的使用，每一个步骤都是非常清晰的，实施起来也更容易形成合力，不会造成无谓的浪费，并且通过复盘、反馈的运用，使管理形成闭环。团队成员在推进项目的过程中，始终知道团队处在哪一个环节、目标是什么、有没有偏差。

第三，激发创新。通过引导式管理，团队成员更容易产生新想法，也更容易创新，因为每一个人的声音都得到了倾听，并且有一些科学的方法论配合。

第四，减少组织变革的阻力。实施引导式管理的组织会把变化当成常态，当成组织文化。大家的知识储备、大家的想法、大家对外部世界的认识，通过相互之间的讨论，将会得到重构，在真诚的组织氛围中，变革的阻力也会大幅降低。

七、引导式管理和管控式管理的区别

引导式管理假设组织中人与人之间是相互连接的，组织是一个有机的生命体，大家是一个连接的网络，是可以相互影响、相互促进的。引导式管理认为组织可以主动创造未来，而不是被动解决问题，组织的未来有各种可能性。组织的未来，组织成员可以通过对话来假设。所以，作为一个引导式管理者，会尽可能创造组织成员之间的对话机会。彼得·德鲁克说，管理的重要任务是在连续和变革中间找到一个平衡点。引导式管理可以让这个平衡点相对容易被找到，而且会让组织的变化自然而然发生。

（一）觉察 VS 告知

传统的管控式管理更多强调的是员工的执行力，所以在管理过程中往往不会听取太多员工的想法，而是告诉员工要做什么，并且严格地要求和考核。因此，员工执行力的提升往往是被动的。而引导式管理可以帮助团队成员主动提升执行力。引导式管理可以使团队成员明了团队目标，并清楚知道自己在实现目标过程中可以做什么。为此，团队成员会主动制定自己的目标，并为实现目标主动提升各方面的能力。

（二）机会 VS 问题

传统的管控式管理，是以解决问题为导向的。告诉员工做什么之后，若出现了问题，再分析问题并解决问题。发现问题、分析问题、解决问题当然是重要的，但是不是把组织中的问题都解决了，组织的绩效就变好了？其实未必。组织能够生存下来，不光是因为解决问题的能力强，还因为把握机会的能力强。好的组织一定能很好地把握机会，而不仅仅是解决所有问题。引导式管理可以帮助团队在把握机会和解决问题之间找到一个平衡点。

（三）自我控制 VS 管控

在传统管控式管理中，管理者会通过流程和企业文化的建设改变员工的想法，控制员工的行为。但是在引导式管理中，管理者做得更多的是营造一种氛围，创造一种文化，建立一种机制，让员工能够实现自我控制；而组织通过员工的自我控制去实现目标、把握机会。为了营造员工可以自我控制的氛围，管理者自己首先要做到自我控制，并通过自我控制去实现团队成员的自我控制。

（四）多样性 VS 唯一性

在传统管控式管理中，组织发展的方式往往是唯一的，而引导式管理是在多样性中找到的创造组织未来的一种管理方式。引导式管理基于员工的多样性、市场的多样性和团队成员一起寻找解决方案、寻找机会，并一起把握机会、解决问题。引导式管理，是在多样性中寻找达成共识的部分，使组织在此基础上开创未来，而不是一开始就强调唯一的答案和解决方法。

八、引导式管理的体系

组织中的各个方面都可以使用引导式管理，比如说战略目标制定和落地、创新、营销、流程优化、团队发展、绩效提升等。在后续的章节，我们会就这几个维度展开讨论，跟各位读者详细分析在不同场景下如何使用引导式管理。总体来说，以知识工作者为主体，外部环境变化比较快的企业和非营利组织，都适用引导式管理。

所以说，引导式管理不是一个工具，而是一套体系，通过引导式管理，组织取得绩效变得更加容易，同时组织绩效、员工成就、社会责任三者也能得到平衡（见图1-2）。

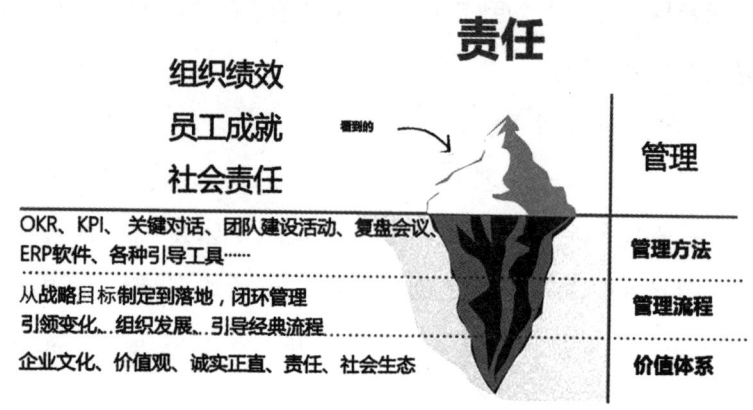

图 1-2　引导式管理的体系

引导式管理包含很多管理方法，比如 OKR、KPI、关键对话、复盘会议等，也包含很多管理工具，但仅有方法和工具是不够的，还需要有一整套管理流程。比如说团队目标制定的流程、团队目标分解的流程等。引导式管理通过各种方法和工具的综合应用，通过流程的设计，从系统的角度帮助团队达成目标。除此之外，引导式管理还有自身的价值体系。作为管理者是如何对待社会和团队的，能否对管理承担起责任，能否尊重他人，企业文化是什么，这些都是需要认真考虑的。

方法、流程、价值体系，构成了引导式管理的完整体系，通过这样一个体系，引导式管理将使组织管理变得更加容易，也更加有效。

第三节　引导式管理使海外公司达成共识的案例

一、案例背景

对于很多企业管理者而言，跨文化沟通是非常必要的。中方的管理者，甚至是领导者，需要到海外的分支机构出差，了解当地员工的工作情况，宣传总公司的企业文化，提升当地员工的士气，并且确定公司未来的发展方向。当海外分支机构的业绩持续低迷，当地客户对公司品牌产生抵触情绪时，作为总公司的管理者或领导者，有责任去处理这种情况。

大多数管理者可能会这样做：在开会前，结合自己的理解和个别员工聊天，了解一下大家的工作情况；然后开一个正式会议，给外籍员工讲自己对企业文化的理解，主要采用宣贯的方式，最后指明公司未来的发展方向，并且说些加油鼓劲的话。这样做效果如何呢？管理者说了很多，员工能听懂多少、能听进去多少？如何在文化背景不同的情况下，提升员工的参与感？

管理者指明的方向就是正确的方向吗？说几个感人的员工故事，讲讲公司多么厉害，就是企业文化吗？企业文化和员工的联系在哪儿呢？开完会后员工是表面激动还是发自内心地认同？员工是盼望这次会议早点结束，还是觉得时间过得很快？这些问题，都值得管理者深入思考。

二、引导式管理者的管理方法

（一）打造团队成员参与的环境

引导式管理者应该提前准备好海报（见图1-3），布置好会议室，给参与会议的员工一个不一样的体验。在整场会议中，采用引导的方式，提前设计好会议流程。比如，让员工聚焦现在的工作，通过回顾公司的历史和公司产生连接，聚焦公司未来的发展和愿景并制订出发展计划。

图1-3　海报

（二）流程化保证团队成员能够参与并有所产出

1. 工作复盘让员工提出改进意见

引导式管理者可以采用复盘的引导方法，和当地员工一起对公司当前的发展情况进行复盘：原来的目标是什么？完成情况怎么样？造成这一情况的原因特别是团队内部的原因是什么？发现了什么问题？行动计划是怎样的？在最初的两三个小时里，围绕着目标和目标完成情况，当地员工认真分析了原因，特别是找到了团队内部要改进的地方和市场上可以把握的机会。

2. 历史长廊图使员工认同企业文化

一张历史长廊图（见图1-4），激发了大家的参与热情和好奇心。通过历史长廊图，当地员工可以看到过去五年甚至是十年中国总公司发生了什么大事，当地公司发生了什么大事，自己发生了什么大事。通过这样的方式，当地员工可以看到总公司、当地公司和自己三者之间发展的关系，从而主动与公司建立连接。同时，当地员工还可以了解自己平时了解不到的情况，对公司的发展历程有更深入的了解，认识到公司的发展和自己的发展是密切相关的。之后，可以让大家再分析一下当下总公司、当地公司和个人发展的趋势，相信大家会有一种豁然开朗的感觉。当地员工通过主动关注总公司的发展变化及与自己的关系，认同企业文化，认同自己是公司的一分子。同时，通过对未来趋势的判断，员工对未来也充满了希望。

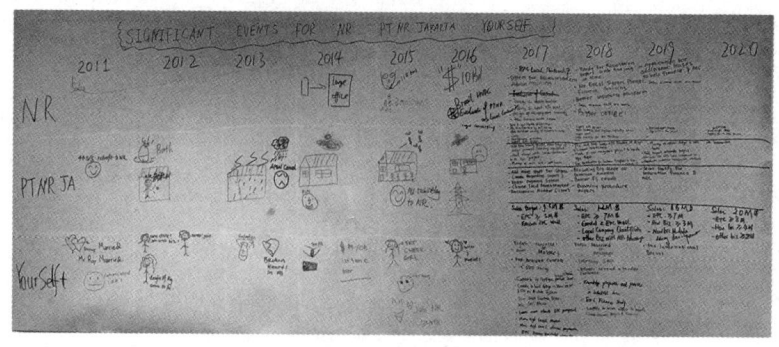

图 1-4　历史长廊图

3. 分析外部环境，使员工了解市场发展趋势

引导式管理者可以和大家一起用波浪分析外部环境，了解未来市场的变化趋势是怎样的。不同岗位的员工，比如销售、客服、财务、设计等，基于各自对市场的了解，分析哪些是顾客需要的，哪些是顾客不太需要的，哪些是对顾客没有价值的，这样会很快对市场情况有更清楚的认识。在这次会议中员工做出的对市场变化趋势的判断，后来证明是符合实际情况的，并且在此过程中，员工的主人翁意识也得到了增强。

4. 共创愿景，鼓舞团队士气

公司未来会是什么样子呢？公司员工在 2016 年一起设想了公司 2020 年的样子。在共创的愿景中（见图 1-5）可以看到，大家认为到 2020 年时员工人数会增加到十人，公司也要搬到新的办公场所——前面是办公室，后面是厂房——营业额要达到 2000 万美元，公司拥有办公用车，客户对公司的服务和产品都比较满意。2016 年，当地公司的业绩非常差，但是员工还是非常积极地畅想了2020年的情景。通过这样的方式，一方面使员工明确了公司未来的样子，另一方面也鼓舞了团队的士气。

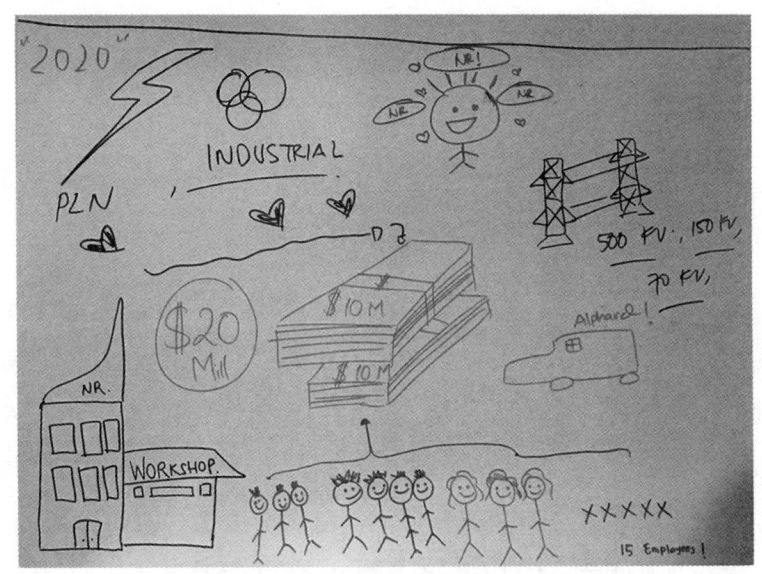

图1-5　团队成员共创的愿景

5. 共创使命，明确方向

总公司的使命是"创造价值，服务社会"，分公司的使命是什么？引导式管理者让分公司员工通过头脑风暴和相互讨论，共创了分公司的使命——"建立连接，创造价值，服务客户"。

在大家共创的分公司使命中，为什么增加了"建立连接"？因为分公司的主要业务是电网服务，就是帮助当地建立电网，而作为中国总公司的分公司，建立起和中国总公司的连接也是这家公司的使命。

很多公司在构建企业使命时，会请咨询公司，费用相对较高。事实上，管理者可以使用引导的方法，让员工自己梳理，共创使命，不但成本低还符合公司的实际情况，也更容易获得员工的认可和支持。

6. 制订行动路线图

公司使命确定后，制订行动路线图就变得相对容易并且有的放矢了。大家会思考，未来的四年需要做什么事情？重点是什么？目前要做什么？基于此制订行动路线图。

不到两年时间，分公司的业绩就得到极大提升，在2018年年初，公司搬到了新的办公场所，正如当时员工设想的那样，前面是办公室，后面是厂房；公司拥有了自己的汽车，员工人数也达到了十人；销售额突破了2000万美元。员工还把当时共创的愿景贴在了公司的背景墙上，每一个来访者都可以看到。这家分公司成了所有分公司中管理最好、业绩最好的。

公司能够快速发展，一天的会议仅仅是良好的开端，更为重要的是，管理层能够持续使用引导式管理，对既定目标复盘，创造人人都可参与的环境和氛围，尊重每一名员工，建立公平公正的绩效体系。

三、案例的反思

作为一名引导式管理者，在此案例中具体做了什么？

第一，在开会之前就明确了会议主题，主题为对工作的复盘、对企业文化达成共识和对未来的探索。

第二，设计了会议的整个流程。因为管理者自己受过专业训练，所以在会议之前就把整个流程都详细地设计了出来。大家可以感受到这次会议的召开是非常顺利的。

第三，激发大家的讨论热情。在整个会议期间，管理者有两个身份，一个是总公司的海外业务负责人，另外一个是这次会议的主持人。管理者需要做的，是激发大家的讨论，而不是主导大家的发言。在会议中，管理者需要在大家表达完观点和想法后，再补充一些自己的想法。

第四，多倾听、多提问。管理者在整个会议期间，应多倾听、多提问，自己的想法也应通过发问的方式引发大家的思考。在大家回答或讨论的时候，管理者应用心倾听，感受大家的状态，了解大家对事情的理解是什么，为什么这样理解。

第五，营造轻松的氛围。整个会议过程用了很多辅助性的工具，如便利贴、彩笔、大白纸。同时，会议现场还准备了一些糕点，供大家补充能量，大家经过整整一天高强度的工作，能量消耗非常大。研讨会结束后，大家都露出开心的笑容，因为他们的想法都得到了充分表达，并得到了尊重。

第六，帮助大家达成共识。经过一天的讨论，员工通过表达观点、相互讨论、相互激发，对现状和未来都达成了共识，为今后的行动打下了很好的基础。后续公司的发展表明，当时会议制订的行动计划得到了大家的认可，大家按照会议确定的方向一起努力，取得了很好的成绩。

四、采用引导式管理的好处

采用引导式管理，对公司和员工有什么好处？对管理者又有什么好处？

（一）采用引导式管理对员工的好处

第一，员工能够更加积极地开展工作，由被动接受转变为主动创造。

第二，员工和公司之间能够建立强有力的连接，员工会更有归属感，把自己看作公司的一分子。这是很多员工以前从来没有想过的。通过这样的方式，员工看到了公司全局的发展。

第三，激发了员工的工作热情。员工感受到了被尊重、被鼓励，从而打心底里愿意参与到公司的发展之中，这才是对员工真正的赋能。

第四，员工感受到了团队的力量。每一个阶段的目标、每一个步骤的行动都是由团队成员互相倾听、一起讨论达成共识的，所以会更好配合，一起努力。

第五，明确了工作方向。研讨会探讨的过程，也是员工深入了解公司和团队的过程，不仅了解了公司想要取得的结果是什么，还了解了团队为何要取得这样的结果，从而清楚自己在其中要发挥什么样的作用。

第六，得到自我成长。通过研讨会，员工能看到团队的目标，并且了解其他同事的想法，视野会更加开阔，自己也得到了成长。

（二）采用引导式管理对公司的好处

第一，提升公司生产力。通过引导式管理，公司不仅雇用了员工的手，而且使员工的智慧得以体现。员工的智慧是企业最大的生产力。

第二，降低决策风险。VUCA 时代，最清楚市场变化的是一线员工和基层管理者，而不是坐在总部负责战略的人。引导式管理可以让一线工作人员日常观察到的顾客、市场的变化转变成公司有价值的战略思考。公司据此来调整公司的战略方向和策略，从而大幅降低公司的决策风险。

第三，激发员工。激发知识工作者的关键，是让他们将想法表达出来，并且在较为安全和友好的环境中去讨论，群策群力并且达成共识。在互相交流的过程中，个体也得到了激发。最终形成的结论和行动方案都是由员工共同商讨决定的，这样就实现了员工从"要我做"到"我要做"的转变。

第四，激活组织，降低变革的阻力。从组织的角度给员工创造条件，激发其多提有利于组织发展的方法和策略。由于方法和策略是员工自己提出来的，是在组织内部产生的，而不是外部强加给个人的，必然会降低之后实施的阻力，为变革的成功打下良好的基础。随着每个个体被激发，并且个体间能够互相配合，组织自然得到激活，组织整体能力也得到提升。

第五，降低公司的运营成本。与聘请咨询公司寻找解决方案相比，通过引导的方式激发员工寻找解决方案的成本更低，而且有时候会更加有效。特别是通过引导的方式来促进组织成长、提升效率和管理有效性，会大幅降低公司的运营成本。

（三）采用引导式管理对管理者自己的好处

第一，对于管理者来说，通过引导式管理更容易得到全面的信息，降低沟通难度。引导式管理给大家创造了较为安全的环境，使大家更容易将真实想法表达出来，又由于采用的是文字记录的方式，降低了大家口头表达的难度，并且可以将大量信息同时呈现。管理者可以以观察者或者旁观者的身份，用心感受每个人的想法——用了什么样的词语？语气是怎样的？表情是怎样的？管理者更容易得到全面的信息，从而降低沟通难度。

第二，管理者通过引导式管理也更容易得到团队的认可。在管理的过程中，管理者为了和团队成员一起实现团队的目标，会更多地关注团队成员的特点，并且通过大家可以接受的方式进行管理。你尊重团队成员，而且让团队成员感受到了你的专业状态，也就更容易得到团队的认可。管理者发言往往是在大家讨论结束后，经过倾听和思考，发言的质量往往会比较高，也更容易得到大家的认可。

第三，降低决策风险。对于管理者来说，最后拍板做决定是最重要的职责之一，因为做决策就意味着要承担风险。通过引导式管理，管理者可以听到不同的声音，获得较为全面的信息，看到团队做出决策的全过程，对各种方案的优缺点进行比较，并且有一整套做决策的流程来保证决策的质量，可以使决策的风险控制在组织可以接受的范围内。同时，由于团队成员也参与了决策的过程，会大幅降低决策实施的阻力，提升执行效率，从而提升决策的成功率，降低管理者决策的风险。

第四，促进管理者自我学习和反思。采用引导式管理，管理者需要将重心放到成果和员工上，应更加关注员工，并进行自我学习和反思；通过对员工参与状态的观察，可以反思自己平时管理的有效性，找到自己今后需要改进的方向。

第五，提升领导力。通过引导式管理，管理者营造团队成员参与的氛围，激发团队成员追求更高的目标，使他们能够主动制订行动计划，厘清行动路线，明确自己的定位，有效帮助团队实现目标。在此过程中，管理者也会赢得团队成员的尊重，领导力也自然而然得到了提升，从而实现从管理者到领导者的转变。

第二章

真诚对话,群策群力

公司的会议,常见的情形是这样的:领导在台上讲,员工在下面听。领导讲完问大家的意见,大家要么没有意见,要么说领导讲得非常好,很受启发。之后,领导抱怨员工不会主动思考,什么事情都要等自己拍板,员工抱怨领导"一言堂"。想要解决这一问题,领导和团队成员之间、团队成员彼此之间需要真诚对话,将自己的真实想法表达出来,紧紧围绕主题展开讨论,最终达成共识。

第一节　让团队成员真实表达的挑战

营造良好的对话氛围，使团队成员可以真实表达自己的想法，并不是一件容易的事，管理者面临着诸多挑战。

在公众场合表达自己的想法，对于很多人来讲是比较困难的。很多成员在讨论的时候，更多关注的是自我，是在特定场合怎样说才合适，而不会过多关注周围同事讲了什么，也不会特别关心公司需要什么。

于是，很多会议开来开去，很多人只是谈了谈自己的想法，并且刻意表现出自己的努力或者和团队的配合，并没有任何聚焦，不管讨论多长时间都只是流于形式。本来会议的目的是收集大家的想法和意见，结果慢慢就转成了抱怨，或者对某一项热门话题的讨论。由于没有流程安排，会议时间也被无限延长，最后要讨论的问题没有得到深入探讨，只能再次组织会议。

第二节　让团队成员真实表达的关键

面对让团队成员真实表达的挑战，作为引导式管理者，应该怎么做呢？

一、相信团队

管理者需要相信团队，相信团队可以创造未来，相信大家能够对公司的未来负责。这种信任，不是口头上的，而是发自内心相信团队的智慧。很多管理者认为自己的能力或者经验是可以帮助团队的，所以会更多地使用告知的沟通方式，而这种方式很有可能会打击一些团队成员发言的积极性。大家会因为担心自己的说法和领导不一致而选择沉默或者随便附和。

如果管理者相信团队，会先去倾听大家的想法，然后通过提问的方式帮助大家思考。管理者不是随意提问，而是通过有逻辑顺序的提问方式，帮助团队找到答案。

二、营造良好的对话氛围

团队成员没有表达自己的真实想法,一定是有原因的。只要把这些原因排除,大家就容易说出自己的想法,所以,管理者需要打造一个安全的空间,营造良好的对话氛围,让每个人把自己的想法表达出来。在这个过程中,引导式管理者要选择合适的研讨主题或者合适的研讨方式,为大家表达真实想法扫除障碍。引导式管理者应将传统的研讨方式改为有引导方法介入的研讨方式,在会议前根据参与者的情况选择合适的问题和参与流程,从而营造良好的对话氛围。随着讨论的深入,大家的参与度也会越来越高,最后自然能达成共识。

三、转变自己的角色

在研讨中,管理者需要明确自己的角色:是主持人还是参与者?如果想更多地听取大家的意见,那就应该选主持人,也就是引导者,继而按照引导者的要求规范自己的行为,激发大家的讨论热情,自己的观点可以放在最后表达。但如果想深度参与讨论,最好安排其他人来做会议的主持人或者引导者。管理者自己不要既做主持人又做参与者,因为这样很容易用主持人的权力将需要大家讨论的会议变成"一言堂"。在日常工作中,引导式管理者更愿意作为引导者,通过引导的方法去激活整个团队。

第二章 | 真诚对话，群策群力

第三节　让团队成员真实表达的案例

王总是一家智能家居物联网公司的创始人，公司有100多名员工，公司总体战略和大的订单都由他亲自把关。公司在一些细分市场取得了领先地位，得到了投资人的肯定。但王总感觉非常累，团队成员一方面什么事情都等他做决定，另一方面相互之间又有诸多抱怨，对他也颇有微词。王总很想让每个人都负起责任来，也很想摆脱公司以他为中心的运作模式。

以往的会议都是王总自己讲得多，团队成员基本是被动接受的状态。这次王总想有所改变，让团队成员主动考虑公司和他们自己未来的发展，希望在这个过程中，团员成员能够互相理解、互相支持，对公司各部门的工作都有所了解，最为关键的是，希望借此机会在公司内营造良好的对话氛围。王总希望从年底的会议开始，慢慢将引导的文化植入公司内部。

王总这次选择作为会议主持人的身份参与到讨论中。以前的多次会议，都是由他主导整个讨论，团队成员主要是听他的想法，参与度很低，所以他希望这次的会议能够有所改变，他希望更多地倾听团队成员的想法。

一、确定目标与流程设计

在会议开始之前，王总确定了这次会议的目标。这次会议的目标是各部门交流经验，特别是要找到新的一年在管理方面需要提升的地方。同时，在这次会议中，希望大家能够真实表达自己的观点，相互学习。

本次会议的议题：公司未来的发展方向，管理者需要提升之处。

体验目标：真实表达观点，团结共创，体验引导的管理方式。

时长：四个小时。

参与者：公司的中高层管理者。

为此，王总设计了会议的流程，共分为五个阶段，分别为准备热身、部门总结、相互交流、机会探索、会议总结（见图2-1）。

准备热身	部门总结	相互交流	机会探索	会议总结
•会议目标 •流程 •角色界定 •环境布置 •材料准备	•成绩 •改进点	•表扬 •改善点 •希望	•机会探寻 •确定方向	•大会呈现

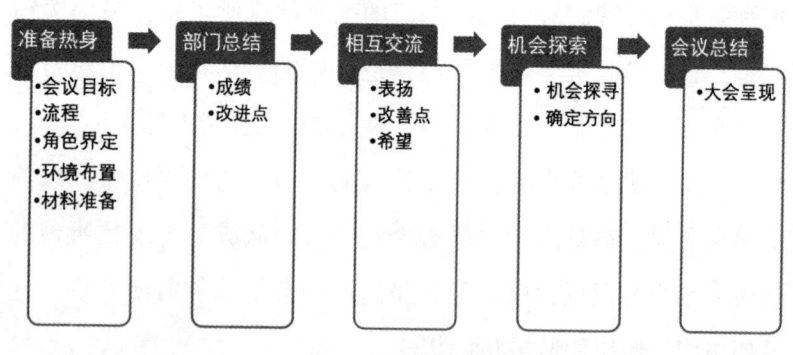

图2-1 会议流程

会场做了全新的布置，改变了桌椅摆放的方式，将传统的课桌式改成了岛屿状，每个部门在一个岛屿上。

二、会议的启动

会议一开始，王总就向全体管理者明确了自己在此次会议中的角色是引导者，他的职责是引导大家讨论，听取大家的意见。在大家讨论结束之后，他会和大家谈谈他的想法。最为重要的是，他是这次会议的引导者，目的是激发团队成员的聪明才智。

王总用一张划龙舟的图展示了每个人的角色是什么。他的角色是敲鼓的人，他希望能够把握住节奏，帮大家前行。划船的人是每一位员工，王总希望公司的员工和管理者能够群策群力，把自己的想法说出来。龙舟能划多快，有没有达到既定目标，需要依靠大家的努力。

王总给大家介绍了会议的流程。首先是每个部门回顾本年度的工作，不用做正式总结，就是部门成员谈谈自己的想法，然后进行部门间的学习和交流，结束后每个部门向全体人员汇报讨论的内容。大家讨论的顺序是：最想分享的事情是什么，做得好的方面有哪些，需要改进的方面有哪些，在新的一年中要把握的机会有哪些，各部门可能需要做出什么改变才能把握住这些机会。最后，每个部门需要给全体参会人员分享讨论成果。

在明确会议目标之后，王总和大家共同商讨了会议规则。

王总问大家："为了使大家都能把龙舟划好，达到会议目标，在这次会议中，参会人员需要遵守的规则是什么？"

刚开始的时候，团队成员还有些不适应，没几个人回应，但随着个别同事尝试开口，大家也慢慢参与进来。随着讨论的深入，大家也越来越遵守规则，如不看手机、不评判别人的想法等。

三、取得的成绩与不足

王总问了大家第一个问题："在这一年中，你感觉部门取得的进步有哪些？"王总要求每个部门在半小时内完成讨论，每个人都发言，并将讨论的结果写在发给每个小组的白纸上。部门经理带着主管，分享了公司取得的进步。这个时候可以看到大家都积极地参与到了讨论中，整个会场呈现出生机勃勃的景象。每个人都被激发了，每个人的想法都得到了表达，并且都被记录到了白纸上，很快，每个部门都列出了几十条取得的进步。

半个小时到了，王总问了大家第二个问题："在这一年中，你感觉部门在哪些方面做得不太好？"由于团队成员已经讨论了部门的进步，再讨论做得不太好的方面时就变得相对自然。部门经理首先带头发言，团队成员慢慢打开思路，开始把部门存在的一些问题提出来。

在这一个小时中，王总参与到了各个部门的讨论中，认真倾听，很少发言。在讨论部门需要改进之处时，王总特别强调这些不足之处不会作为来年绩效考核标准，只为拓展思路。

四、相互交流、激发

一个小时很快就过去了,每个部门都列举了做得好的方面和做得不那么好的方面,大家开始进入会议的第三个阶段,即相互交流和学习阶段。王总告诉大家,将采用世界咖啡的形式,并向大家介绍了世界咖啡是什么,流程是怎样的,规则是怎样的。通过这种方式,可以让大家高效地交流并享受这个过程。

世界咖啡的参与者有两个角色可选,一个是咖啡馆的主人,另一个是咖啡馆的访客。每一个部门需要留一个人充当咖啡馆的主人,咖啡馆的主人需要欢迎到访的访客,并简要介绍上一轮本部门讨论的内容,同时激发到访同事的讨论。现有小组除组长以外,其余人尽可能到其他部门去,每个部门的座位是有限的,如果一个部门没有座位了,就需要选择其他部门。世界咖啡也可以理解成是蜜蜂采蜜、异花授粉的过程。

王总简要介绍之后又告诉大家,今天的相互交流有三个目的:第一是部门之间相互交流经验;第二是了解其他部门在这一年中做了哪些工作,并且从自己的视角对其他部门的工作做出反馈;第三是通过了解其他部门的工作,思考自己部门需要学习什么,改进点在哪里,和其他部门相比做得好的和做得不好的方面有哪些。最后,王总和大家确定了交流的规则:第一是不批判,对任何观点都表示欢迎;第二是不记名,将自己的想法写到访问部门的白纸上,不需要署名;第三是要求大家享受整个讨论过程,尽情地表达自己的观点。之后,大家就开始了世界咖啡第一轮互相采蜜活动。

第一轮的议题是：请你提出你到访的这个部门做得比较好的方面。这一轮讨论的时间是20分钟。随着不同部门成员的到来，每一组都形成了跨部门成员的联合讨论。这时王总就在不同的小组之间走动，认真倾听大家讨论了什么，如何讨论的，观察大家的讨论有没有按照规则进行，会不会有个别人主导讨论。很快，每个小组的白纸上面都用红笔记录了做得比较好的方面。

20分钟很快过去了，王总邀请大家进行新一轮讨论。现有的小组被打乱，除咖啡馆主人以外，小组成员被邀请访问没有到访过的新部门，并且尽可能和不同部门的同事组成新的小组，以便保持观点的多样性。在上一轮讨论中，王总看到有些小组成员在本组讨论没有结束且没有深度参与的情况下就换部门，所以这一轮要求大家在任何一个部门都必须待够20分钟。

这一轮大家讨论的议题是：请你提出你到访的部门做得不太好的方面。这一轮讨论的时间是20分钟，每个人都要将对到访部门做得不好的方面，用蓝颜色的笔写在对方部门的白纸上。比起上一轮的讨论，这一轮的讨论整个会场稍微安静了一些。由于已经建立了良好的对话氛围，采用的是不记名的方式，大家用蓝色的笔写下了自认为别的部门做得不好的方面。

20分钟很快过去了。大家又进行了最后一轮讨论，规则跟之前一样。大家又走向新的部门，这个时候王总给每个人都发了一支绿颜色的笔，大家研讨的议题是：对你所到访部门的希望是什么。

三轮讨论很快过去了，可以看到每个部门的白纸上都密密麻麻地写满了本部门以外的人对这个部门做得好的方面、做得不好的方面的反馈和希望。这个时候王总请大家回到自己的部门，在部门经理的带领下，仔细梳理这三轮的相互学习、相互点赞、相互反馈的成果后做出总结。每个部门需要思考：今年部门取得的成绩是什么，不足之处是什么，其他部门的人对自己部门的希望是什么。王总要求把这三点写在新的白纸上，并贴在会场的总结墙上。

在差不多两个小时的时间里，各个部门对上一年的工作都做了较为深刻的反思。团队成员不光通过其他部门的视角看到了本部门的优势和不足，而且认为这样一种讨论方式非常有意义。这样的过程，使每个人都表达了自己的观点，也看到了别人的观点，而且因为不记名，所以很多真实的想法都得到了表达。更重要的是，通过相互交流和学习，每个人都找到了自身差距，并发自内心地想在新的一年有所提升。最后，各个部门结合其他部门对本部门的建议进行总结，很快帮助团队的每个成员了解了公司其他部门的工作。

五、找寻发展的机会

总结完过去后，经过短暂的休息，大家继续讨论。王总希望大家能够找到公司在新的一年里的发展机会。

每个部门用20分钟时间进行内部讨论，找到公司未来发展的 10 个机会，可以是外部市场的机会，也可以是新产品、新服务的机会。在各个部门把 10 个机会总结好后，每个小组都得到了一叠彩色的 A5 纸，王总要求大家把 10 个机会写在 10 张 A5 纸上，注意横向书写，同时每张 A5 纸上的字不超过 12 个。

所有部门都写好后，王总带领大家走到了事先贴好的引导布前。为了保证每个人都能看到引导布上的内容，最前面的伙伴坐在地上，第二排的伙伴坐在椅子上，第三排的伙伴站着。每个部门派部门经理作为代表，带着他们部门总结出的未来机会，通过团队共创的方式，找到整个公司发展的机会。

王总邀请所有部门经理到引导布前参与讨论，其他成员有任何不同意见都可以提出来。王总要求所有部门经理认真思考，选出自认为写有公司最大机会的一张 A5 纸。

王总要求各位部门经理依次发言，把纸上的内容朗读出来，并确保每一名参与者都能够听到。第一位经理读完以后，将 A5 纸贴上引导布；第二位经理读完后，王总让他根据所读内容与第一位经理所读内容是否一类，选择是将自己的 A5 纸贴在第一张 A5 纸下面还是另起一列。其他人以此类推。

第一轮结束以后，引导布上已经出现了大体分类，这个时候王总又要求大家用同样的方法进行第二轮分类。两轮结束以后，所有的机会在引导布上被分成了六类。王总要求部门经理把手中没有读到的 A5 纸和这六类做一个对比，如果是同一类就放在这一类的下面，如果不是同一类可以另起一列，产生新的一类。

当部门经理们把所有 A5 纸全都贴到引导布上的时候，所有的机会被初步分成了八类。这时所有的部门经理都被邀请确认分类是否合适，从分类排列最长的一列开始，确认这一列是不是类似的内容，如果有不属于这一类的就挑出来放到其他列中，如果没有合适的列就另起一列。然后再看次长一列，以此类推，直至最后一列。

王总问大家：怎样处理只有一张 A5 纸的一列？有人说不用管，有人说把它并到其他类中。王总请大家把它尽可能合并到其他列中，如果不能合并就把它单独列成一列。重新整理完后，虽然有个别列只有一张或两张 A5 纸，但分类工作基本完成了。王总接着问大家，是 A5 纸多的列重要还是 A5 纸少的列重要。大家的意见各不相同，有的说 A5 纸少的列重要，因为真理掌握在少数人手里；有的说 A5 纸多的列重要，因为更多的人有同样的想法。王总跟大家说，所有列都同等重要。

分类确认完之后，再用 6~12 个字描述每一类，也就是给每一列命名。所有的部门经理都得到了新的 A5 纸，经过十几分钟，命名完成。通过这种方式，个人的观点变成了大家的观点，并且大家也对未来的机会达成了共识。

六、寻找前进的方向

大家达成共识的公司发展机会之间的关系是怎样的？哪些是大家在新的一年需要去把握的？根据贴在引导布上的机会，王总让团队成员从有效性和难易程度两个维度思考：哪些机会如果把握住对公司的绩效提升和目标达成最有效，哪些机会是相对容易抓住并能做到的。团队成员据此找到了容易做并且有效的机会，为今后的发展提供了方向。

七、总体呈现与反思

每个部门依次和大家分享了讨论成果，大家反思了这次研讨会和以往会议的不同：

第一，这次的会议形式跟以往不一样，通过形式的变化，大家的参与度更高了。

第二，大家没有感觉到太大压力，在相对轻松的环境下反倒收获更多。

第三，在这次会议中，大家主动思考得多了，看到了自己部门的不足，特别是来自其他部门的反馈，对本部门的助益很大。

第四，大家一起看到了公司的未来，增强了主人翁意识。

第五，通过视角的转换，每个人都得到了提升。从个人的视角转变成了部门的视角，又从部门的视角转变成了公司的视角，再从公司的视角转变成了大家的视角，在大家的视角下，每个人都找到了前进的方向。最为重要的是，大家觉得这是一次团队成员之间，团队成员和领导之间真正的对话，大家感受到了对话的力量。

这次会议之后，王总看到部门经理和团队骨干都更积极了，也更愿意和他沟通了。

第四节　让团队成员真实表达的典型引导工具和方法

想要让大家真实表达自己的观点、相互激发，使用以下引导工具和方法会比较有效。

一、复述记录

把参与者所说的话原样记录下来就是复述记录。复述记录虽然简单，却是引导技术中非常重要的一个基础工具。通过复述记录，可以帮助参与者记录讨论的内容，培养全局意识，并且开始主动思考。使用复述记录，可以让参与者感受到被尊重和重视，参与度自然而然也就提升了。

二、世界咖啡

世界咖啡是一种简单却有效的会议模式，不同专业背景、不同职务、不同部门的人针对不同主题各抒己见、观点碰撞，激发出意想不到的新点子。世界咖啡有两个关键技术，一个是对话，一个是设想未来。对话质量的高低决定着一场引导活动的成败，也极大地影响管理的有效性。对话是有能量的，团队成员之间通过真诚对话，一起设想未来。

在这种会议模式下，团队成员之间是可以连接的，团队成员是可以成长的。世界咖啡是在一个议题的基础上，通过多元化的观点，加深大家对这个议题的认识，然后通过团队成员之间的相互交流，获得更多的能量和更多的见解。

（一）世界咖啡的六大原则

第一，设定好主题。在本案例中，讨论的主题是对上一年的工作总结和对新一年工作的展望。每一次讨论，都有唯一的主题，如做得好的方面、学到了什么，通过焦点问题由浅入深，层层递进，可以更好达成研讨目标。

第二，打造宜人的空间。在这次会议之前，会场重新进行布置，从传统课桌式的摆放，变成了岛屿式的摆放，在每张桌子上都放了便利贴、彩色笔，还准备了一些零食和点心。

第三，通过问题的设计，探索真正重要的事情。在研讨过程中，每一轮都设计了一个问题，通过问题的层层深入，由简到难，由点到面，从现在到未来，帮助参与者更加有效地讨论。

第四，鼓励每个人参与。在本案例中，通过使用便利贴、多轮讨论、问题的设计鼓励每个人参与。

第五，交流并连接不同的观点。每一位成员都有机会参与到不同课题中发表自己的观点，并倾听他人的想法。在本案例中，每一位成员都在本部门参与了两次讨论，在其他部门参与了三次讨论，大家有机会看到四个不同部门的工作，特别是在蜜蜂采蜜的环节，每一次讨论都是不同的成员，大家的观点得到了充分交流。

第六，收获和分享集体智慧。在讨论的过程中，随着每个人的参与，不同观点不断涌现，个人智慧变为集体智慧，在此过程中，个人自然而然也会有收获。

（二）应用世界咖啡的关键点

世界咖啡的引导活动，需要参与者把注意力放在真正重要的事件上，贡献想法、吐露心声、倾听彼此，并多去连接各种想法，在此过程中尽情游戏、涂鸦。

在世界咖啡中有两个角色，第一个是咖啡馆的主人，第二个是咖啡馆的访客。

咖啡馆的主人需要创造好的环境，介绍上一轮讨论的内容，引发下一轮的讨论，鼓励每个人发言，请参与者一起倾听，保证每次只有一人发言，偶尔加入自己的见解，证明自己的存在。世界咖啡馆的主人需要更多倾听大家的观点，而不是主导大家的讨论。

咖啡馆的访客要相信这是一个开放的空间，勇敢贡献自己的想法，倾听他人的想法，放下批评，学会反思，把自己的想法写到海报上，保证后面的访客可以清楚地看到自己的想法。

（三）世界咖啡的引导流程

世界咖啡的引导流程主要有前期准备、提出焦点问题、部门内部会议、一轮或者多轮外出采蜜、部门会议总结、全体伙伴集体讨论等几个环节（见图2-2）。

[前期准备] → [提出焦点问题] → [部门内部会议] → [一轮或多轮外出采蜜] → [部门会议总结] → [集体讨论]

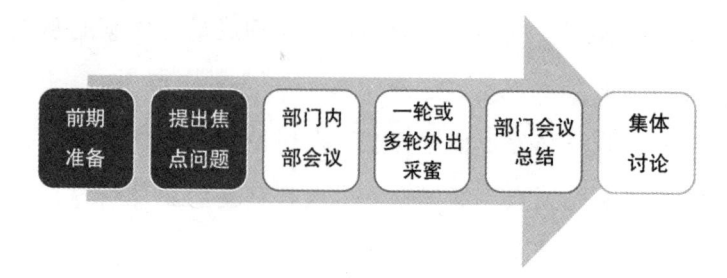

图 2-2　世界咖啡的引导流程

三、团队共创

团队共创是由英语 consensus building 衍生而来，这个词组直译是建立共识。那么，什么是团队共创呢？团队共创是在相信每个参与者都有智慧为团队做贡献的基础上，团队成员头脑风暴、相互交流，将不同想法分类和命名，最终达成共识的过程和方法。

团队共创的流程（见图 2-3）

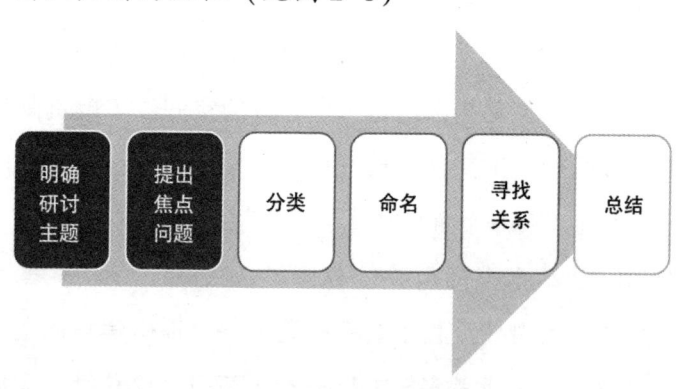

[明确研讨主题] → [提出焦点问题] → [分类] → [命名] → [寻找关系] → [总结]

图 2-3　团队共创的流程

第一，前期准备，明确研讨主题。

第二，提出焦点问题，进行头脑风暴。在进行书写式头脑风暴时，需要明确书写的规则，比如说书写的方向和清晰度，尽量用粗笔写，每张 A5 纸上只写一个观点，每个观点不超过 12 个字，等等。引导者要鼓励不同的观点，任何想法都有道理，任何想法都欢迎。

第三，分类。对焦点问题头脑风暴的结果进行分类，在分类的过程中，尽量通过两次或者三次快速分类，而不是一次把写有不同观点的所有 A5 纸都贴在引导布上。因为如果这样做，工作量非常大，耗时也很长，所以最好使用分类排列，先进行第一次卡片分组，快速做一些标记，形成初步的分组结构。在第一次分组的基础上进行第二次分组，把剩下的每一张 A5 纸都归到一个特定的类下面。归类之后，大家的共识就能更清晰地呈现出来了。

第四，命名。分好类以后，希望大家拟定标题，并明确拟定标题的规则是什么。比如说"标题要是动宾结构""标题要限制字数"等。需要注意的是，命名的过程不是总结的过程，而是描述的过程，用来命名的主题词可以很好地描述这一列，而不是概念化的总结。

第五，寻找关系，串联想法。想要找到这些分类之间的关系，一般情况下有两种做法。第一种，可以用一些图形化的结构，比如说用这些分类搭一所房子，说明哪些是房子的基础，哪些是房子的墙，哪些是房子的窗户。第二种，将这些分类进行重要性的排序、投票。不论用什么方法，对于命名后的结果都需要进行深入讨论，找到联系，找到关键点。

第六，回顾目标，总结收获。

第三章

共创战略目标，明确方向

大多数管理者经常会思考目标如何被管理、如何被实现，但是大多数管理者都错了。在目标如何被管理、如何被实现之前，各位管理者首先应该思考的是目标是什么。思考目标是什么的过程，也就是战略目标制定的过程。作为一名管理者，不应该在没想清楚目标是什么的时候就盲目地把时间和资源配置到目标实现上去。

第一节 共创战略目标的挑战

一、企业高层管理者得不到一线真实的信息

随着企业越做越大，业务越来越复杂，企业高管离市场的距离也会越来越远。企业高管以前的成功经验会阻碍其以更加开放的视角去看待外部世界。如何让企业高管以开放的视角看待未来，并且倾听市场的声音、客户的声音、团队的声音，营造良好的对话氛围，让一线员工能够真实表达自己的观点，建立通畅的收集顾客声音的渠道，是很多企业制定战略目标过程中的一个重大挑战。

二、企业管理层和相关部门不理解企业战略目标

在很多企业中，创始人或者高管认为企业战略目标是非常清楚的，但是中层和基层管理者并没有理解企业战略目标，这就使得企业战略目标的落地变成了一句空话。中基层管理者在不理解企业战略目标的前提下强制执行，会使上下级之间相互抱怨，高层管理者抱怨中基层管理者悟性差，不能理解公司，工作懈怠；中基层管理者抱怨所有事情都是高管说了算，没有

倾听下属的声音，有时候也会抱怨高层管理者的想法已经和企业的实际发展或者市场的发展不匹配了。如果进入这样一种相互抱怨的状态，企业战略目标的执行将无从谈起。所以，在制定战略目标时，多花些时间和精力，让相关人员理解企业的战略目标，并且对战略目标达成共识，能大幅降低执行的阻力。

三、制定战略目标没有方法，仅凭感觉

每个企业的管理者都说战略目标非常重要，但没有制定战略目标的方法，往往看看下级的数据就凭感觉制定，各级管理者没有充分对话和讨论。如果在一定的逻辑框架下制定战略目标，通过系统化的思考让团队成员展开有效对话，达成共识将变得更加容易，决策的风险也会降至最低。

四、企业管理层和相关部门不主动思考企业战略目标

到了年底，企业、管理层和相关部门都等着高管或者创始人提出企业战略目标，不主动思考自己在新一年的目标是什么，不主动思考自己所从事的工作和公司长远发展的关系是什么，更没想过主动参与到公司战略目标制定的过程中。

企业的发展，并不是高管或创始人几个人的事，而是所有管理者、所有员工共同的事，企业战略目标是跟每一个人息息相关的，特别是各位管理者。管理者需要思考下属没有主动思考的原因是什么，最好能建立一套系统让公司目标可以自下而上达成共识。同时，管理者需要创造对话的机会，让各级管理

者都能参与到相关目标的制定过程中。

五、战略目标成为口号而不是具体行动

有些企业不惜花重金聘请咨询公司制定企业战略目标,但因落地部分过于粗略,或者只有行动的方向没有具体执行方法和步骤,使战略目标变成计划文件,被束之高阁。管理者口头上谈得很好,却并没有让员工产生实际行动,制定战略目标本身也就没有了意义。

第二节 共创战略目标的关键

一、战略目标是什么

战略就是为了使组织长久保持竞争优势的策略,战略的主要目标是通过给顾客提供价值来为股东及其他利益相关者创造价值。战略目标是对企业战略经营活动预期取得主要成果的期望值。战略目标需要紧紧围绕企业的核心能力、为谁提供什么服务、满足顾客什么需要等制定。

制定战略目标不只是老板的事,还是每个管理者的事;也不仅仅是公司宏观层面的事,更是涉及每个员工的微观层面的

事。一个部门、一个业务单元,甚至是组织中的每一个员工,在选择做什么与不做什么的时候,都要考虑到公司战略目标。企业制定战略目标是为了取得独特的竞争地位,所以在制定战略目标时,要考虑公司的核心能力、顾客的感知价值、产品、服务、目标市场等。

二、制定战略目标的原则

第一,在做什么与不做什么之间做出选择。战略目标面对的永远是不确定性,但不是预测,战略目标是为了使组织在不可预测的环境中实现预想的结果。因此,在制定战略目标的时候需要承担一定的风险,而不是去当事后诸葛亮。在制定战略目标的过程中,一定会有非常多纠结的地方,比如流程、参与者的观点、决策工具等,这对在做什么与不做什么之间做出选择非常重要。

第二,要想办法使组织在市场中保持竞争优势。什么是市场地位?市场地位不是以大为标准,而是组织根据使命、外部竞争环境及自身优势,确定的想要取得的合适的市场份额。但无论如何,组织都必须重点关注自己的市场地位。

第三,以顾客为核心。制定战略目标时需要思考如何通过为顾客提供价值来吸引顾客,从而满足其他利益相关者的利益,所以顾客是核心。组织所有的成果都在外部,而外部最重要的角色就是顾客,所以在制定整个战略目标时,要永远以顾客为核心。

华为是一家令人尊敬的公司，它能够发展到今天这样的规模，一个非常重要的原因就是以顾客为中心。很多年前，笔者曾问华为的一个经理如何理解以顾客为中心，他告诉笔者，就是"顾客虐我千百遍，我待顾客如初恋"。在制定战略目标的时候要考虑到顾客的什么需求刚刚出现，什么需求变得越来越强烈，什么需求已经在下降或者已经不存在了。重点关注顾客正在上升的需求。顾客的痛点是什么？顾客想从你这儿获得什么？哪些是顾客要的？你的竞争对手现在有没有开始做？

第四，以优势为基。个人或者组织想要取得成果要基于个人或者组织的优势，个人或者组织很难在其不擅长的领域取得好的成果。什么是优势呢？对于自己的组织而言较为容易，而对于竞争对手来说比较困难的事情，就是组织的优势。在分析组织优势的时候，需要考虑两个方面的内容。首先，从组织视角来看，要清楚自身的核心能力是什么，哪些能力是组织所独有的。其次，从组织所拥有的资源来看，要清楚自身所拥有的独特资源是什么，优势资源是什么。

第五，愿景驱动。个人和组织本身都会受到愿景的驱动，在制定战略目标时，需要使用好愿景这个驱动力，通过愿景来激发团队成员，让团队成员知道未来组织将要成为什么样子，个人会变成什么样子。比如阿里巴巴："追求成为一家活102年的好公司。我们的愿景是让客户相会、工作和生活在阿里巴巴。"在阿里巴巴的愿景中，前面半句是从企业的视角说的，后面半句则是向公众展示一家好公司应该是什么样的。所以，企业在确定愿景的时候，不仅要从企业的视角出发，还要从顾客的视角出发。阿里巴巴的愿景回答了企业要为谁提供什么服务，并满足其什么需要。

第六，使命为本。使命回答了组织在社会中存在的价值是什么或者说组织为什么要存在，整个组织都要为使命的实现来服务。在《德鲁克经典五问》这本书中，彼得·德鲁克问的第一个问题就是：我们的使命是什么？使命是组织存在的根本原因，描述了组织是做什么的。使命要包含三个维度：第一个维度，顾客是谁；第二个维度，满足了顾客什么样的需要；第三个维度，也是最核心的维度，使用了什么独特的技术，有什么独特的能力，也就是核心竞争力是什么，如何满足顾客的需求。

阿里巴巴的使命是"让天下没有难做的生意"。阿里巴巴存在的根本目的是什么？是让各位中小企业主的生意变得更加容易。整个组织的战略目标、资源配置都要紧紧围绕着使命展开。使命源于顾客，也要从顾客的视角去界定。

第七，目标需要具体且可执行。一些公司经召开会议讨论，确定战略目标是要加强技术研发。如果只说这句话是没有意义的。研发加强后是怎样的？转化成目标值是多少？在哪些领域有多少研究成果？有多少新产品上线？需要多少研发人员？现有的研发人员要具备什么样的能力？这些都需要转化为具体的目标。如果这些问题不能转化为具体目标，战略目标制定的结果就仅仅是良好的意愿，无法付诸行动，所以彼得·德鲁克在讲到目标管理或者计划的时候，用的词都是 planning，而不是 plan。

很多企业有目标，但有目标很可能就是写在了纸上，并没有付诸行动，或者说公司高层宣布了目标之后，并没有有效地向基层传达和分解。战略目标要转化为行动，其中至关重要的一步就是要把战略目标转换成一个个可以衡量的小目标。

三、目标在管理中的作用

目标是什么？

第一，目标是一种方向，目标代表了整个组织要朝哪个方向迈进。

第二，目标是一种承诺，目标是组织成员为了实现达成共识的目标而行动并分配资源的承诺。

第三，目标是创造未来的手段。我们无法控制未来的发展，但可以创造未来。目标是管理的工具，也是创造未来的有效手段。

第四，目标是衡量绩效的基础。团队和个人的绩效考核都需要以目标为基础，但绩效考核不应该以目标完成度为衡量标准，而是要以对组织完成目标绩效所做的贡献度为标准。这就需要在制定目标的时候明确绩效考核的标准和方式。

第五，目标是分派任务的基础。目标明确之后，需要进行岗位设计，通过合理的岗位设计来保证目标顺利实现。在此基础上，选择合适的人承担合适的工作，目标就分派到了每个人身上。对于企业来讲，并没有完美的企业组织结构，不管是矩阵型组织结构还是阿米巴型组织结构，都是为企业战略目标服务的，企业的战略目标决定了企业的组织结构。

四、多维度制定目标

企业在制定目标的时候,如果维度比较单一,不仅会使目标失去牵引作用,还会使组织过分注重经济指标,忽视创新或者人的发展。所以,企业在制定目标的时候,需要在多个维度设定目标。那么,企业需要在哪些维度设定目标呢?企业需要在八个维度设定目标。

(一)营销目标

企业首先需要设定营销目标。营销的英文单词是 marketing,营销不是销售(sales)。营销和销售最大的区别是什么?营销需要思考顾客是谁,顾客要什么,并且要让顾客知道"我这儿有"或者"我这儿优",这就是营销最重要的功能;而销售则是把公司现有的产品或者服务卖出去。

企业需要通过营销来创造顾客,营销做得好企业会更容易实现销售。营销目标需要涵盖以下内容:企业的现有产品和服务是什么,占多少市场份额?现有市场的新产品和新服务是什么,占多少市场份额?新顾客和新市场需要的产品和服务是什么?分销组织标准和服务绩效是什么?营销目标需要回答企业集中经营什么和想要什么样的市场地位的问题。

(二)创新目标

创新是经济学术语,不是技术术语。创新就是为顾客创造新的价值,创新是保证企业基业长青的法宝。企业做的事情是不是创新,关键要看能否给顾客带来新的价值。创新包含技术创新、产品创新、服务创新、管理创新和营销模式的创新。在制定创新目标的时候需要思考：为了给目标顾客带来新的价值，在技术上要做的事情是什么？预想的结果是怎样的？需要推出什么新产品和新服务，标准是什么？管理上的新举措是什么？为了取得独特的竞争地位，需要在营销上做的创新是什么？

（三）人力目标

企业开展营销和创新的工作，离不开人才的保障，所以需要专门设定人力目标。在制定人力目标时需要思考：为了挽留或者吸引所需的人才，应该做什么？市场上有什么样的人才供应？必须做什么才能吸引这些人？现有的人员如何发展？现有的人员需要具备哪些新知识、新技能、新态度？

（四）财务目标

为了做营销和创新，企业需要为财务设定明确的目标。为了保证有足够的资金，需要采用什么样的财务方式？是银行的贷款，长期的负债，还是股东的资金？公司要有多少现金流？公司从哪里融资，融多少资？都应该放在财务目标中。

（五）物质资源目标

为了做营销和创新，企业需要什么样的物质资源和技术来保证营销和创新目标能够实现？比如说公司的流程信息系统、自动化生产线上线时间等，都需要明确设定物质资源目标。

（六）生产率目标

生产率目标也可以说是生产力目标，在很多企业中经常被忽视。随着企业规模的扩大，人员的增多，效率是在提升还是在下降？要有人均产出的目标来衡量我们管理的有效性。不断提高生产率是管理最重要的工作之一，也是最艰难的工作之一。生产率是多种不同要素之间的平衡，企业没有生产率目标就没有方向，没有衡量生产率的指标就没有控制。企业需要考虑人均产出、人均利润、ROI（Return On Investment，投资回报率）等。

（七）社会责任目标

社会责任目标就是为了完成企业使命需要设定的目标。很多人容易把社会责任和慈善混为一谈。企业为希望小学捐款是不是社会责任？其实不是的。这是企业的一种慈善活动，企业的投入是不求回报的，这是对社会的一种回馈。

那么，什么是社会责任？比如说一家钢厂在生产钢铁，提供了满足社会需要的钢材，同时在消耗电能，在污染环境，钢厂在生产钢材的同时争取将电能的消耗降到最低，将对环境污染的影响降到最低，这便是企业最大的社会责任。所以，企业的社会责任是通过践行企业使命可能对社会产生的影响，把使命包含的事情做到最好，把使命没包含的事情尽力做到更好，这就是企业的社会责任。企业需要为自己的社会责任设定目标。

（八）利润目标

企业要有利润，利润是企业生存的前提条件，是企业继续经营走向未来的资本。企业需要设定最低利润目标而不是利润最大化这个毫无意义的目标。企业只有设定了最低利润目标，才能保障有资金做好营销和创新。

营销目标、创新目标、人力目标、财务目标、物质资源目标、生产率目标、社会责任目标、利润目标这八大目标之间不是永远统一的，也可能是相互矛盾的。比如说营销花了很多钱，利润目标却没有实现；社会责任目标定太高，利润目标可能就不好实现。各个目标之间需要平衡好。思考战略目标的过程，就是帮助管理层平衡好不同目标的过程，就是帮助管理层取舍的过程。

五、对目标达成共识的关键

作为一名管理者，需要通过团队成员对目标达成共识，来确定自己和团队成员对团队的目标是清晰的。以下几个方面是帮助团队成员对目标达成共识的关键。

第一，创造良好的环境。在制定目标的时候，需要创造一种环境和氛围，让利益相关者能够坐在一起展开对话，讨论未来的方向是什么，并且保证关键人物都能主动参与到目标制定的过程中。

第二，使用恰当的方法。在讨论的时候，需要使用有逻辑的流程和方法来引导大家，一步一步地展开讨论。

第三，必须有层次地安排目标。公司的目标、部门的目标、小组的目标、个人的目标等必须有层次地依次安排。

第四，目标必须可衡量。比如说构建完善的管理体系、提升员工的归属感等这些都不是量化目标，需要变成可以衡量的目标。

第五，目标应该可实现。目标不是用来吹牛的，目标是要去实现的，对于达成共识的目标，最后都要想办法实现。

第六，各项各层目标必须协同。在制定目标的时候，就需要强调目标的协同性，这样可以在执行阶段大幅降低执行的阻力，提升整体效率。比如职能部门的目标和业务部门的目标没有做到协同，那么在执行阶段只靠团队成员发扬协作精神、主人翁精神，是很难实现团队间的协同的。与其等大家到执行阶段才发现目标不协同，不如在制定目标的时候就让相关部门之间的目标都协同起来，这样会大幅降低执行阻力。

第七，制定高目标。企业在制定目标的时候，一定要想办法制定高目标，要能发挥企业的优势和团队成员的优势，更要能满足顾客的需求，这样成功的概率会大增。

第八，有放弃的目标。企业和个体的资源和精力都是有限的，为了让企业集中资源和精力攻克重要目标，需要放弃一些目标。

第三节　共创战略目标的案例

王总的公司是做智能门锁的，在新的一年为了拓展在智能

引导式管理：目标导向的自我管理新范式

家居领域的业务，王总想和公司高层及部门经理就战略目标进行研讨，以便对公司未来的发展方向和目标达成共识。目前公司的战略目标还没有制定，各个部门的年度目标也没有制定。

前几年公司发展很快，对目标的设定不是很清楚，各个部门的目标都是根据王总的想法粗略制定。这次王总希望公司各位副总和部门经理能提升战略思考能力，将目标管理的方法引入公司，建立目标管理体系。以往所有有关战略目标的想法都由王总一个人提出，大家只需贯彻执行，这次王总想让大家都参与进来，从多维度制定目标，而不只是制定经济维度的目标，并且使大家对战略目标达成共识。在过往的工作中，职能部门和业务部门之间有冲突，根本原因很有可能是在制定目标的时候双方没有达成共识。

那么，作为引导式管理者，应该怎样做呢？解决这个问题的关键，就是召开卓有成效的共创战略目标的会议。

一、确定会议目标、流程安排

这次会议大概需要两天时间，公司所有高管、职能部门的经理、业务部门的经理，共20多人参与了此次会议。王总希望会议结束后，可以明确公司下一年度的战略目标（相对较高的目标），并且在目标制定阶段就实现部门之间的协同。

王总确定了此次会议的研讨流程：

（一）明确优势

明确团队最擅长干什么，拥有的核心资源是什么，核心顾客是谁,满足了顾客什么样的需要。

（二）外部环境的变化

外部环境的变化包括竞争对手做了什么,行业有什么变化,顾客有什么变化,非顾客有什么变化,等等。要关注外部环境的变化趋势,思考将来要重点关注什么样的顾客,要放弃什么样的顾客。

（三）对愿景达成共识并明确使命

需要明确企业想成为什么样的企业,如果目标实现了公司是什么样、个体是什么样。需要明确企业使命是什么,企业为什么会存在,真正能够激发团队产生行动的使命是什么。

（四）分析现状

需要思考如何将使命转化为行动,当下企业的优势是什么、阻力是什么,并根据现状来制定目标。

（五）制定目标

企业要在八个维度制定目标,每个维度的目标都要尽可能明确,并且每个目标都需要关键的、可以衡量的里程碑事件。

（六）确定衡量方式

制定目标之后,不要急着结束会议,还必须思考并确定衡量目标是否实现的标准是什么。

二、会议启动

根据会议要求,选择一间合适的会议室,提前贴好引导布,在会议室中间把椅子摆成一个圆圈。

会议一开场，王总首先明确他的角色是引导师，他会尊重每一个人的想法，也希望大家能够真实表达自己的观点。同时，他还和团队成员明确了此次会议的目的和大家参与的规则。最为重要的是，王总明确了团队成员每个人的角色是什么，任务是什么，这次会议的流程是怎样的。

三、明确优势

会议开始后，所有的管理者根据产品线被分成了几个小组，研发部门和后台部门的管理者也被随机分到几个小组中。王总让大家思考：作为一家智能门锁企业，现有的顾客是谁？顾客的区域分布是怎样的？顾客的特点是什么？分销渠道有哪些？这时，王总发现各位管理者对顾客的画像并不清晰。

于是，王总给了大家更多时间，请大家首先从顾客的分类开始，明确顾客画像。经过一个小时的讨论，大家明确了顾客的分类和每类顾客的特点。之后，原有的小组被打乱，所有管理者自由走到顾客画像的引导布前，针对每一类顾客，将自己认为需要补充的内容或者问题写在便利贴上贴到相应的分类之下。当所有人对顾客分类达成共识后，王总请主管营销的副总裁总结讨论的内容。

顾客的分类和特点明确之后，王总请大家接着思考：为了获得目标顾客，公司依托的核心能力是什么？公司拥有的核心资源是什么？很多管理者提出不是很清楚什么是核心能力，其实核心能力就是团队成员比竞争对手做得更好而付出更少，或者说对于团队成员来说相对容易的事情。

王总请团队成员每三人一组，就他们认为的团队具有的核心能力展开讨论，并将讨论结果写在便利贴上。大家总结认为，公司具备比较强的研发能力和以顾客需求为中心的服务能力。之后，各小组又用同样的方法讨论了团队的核心资源是什么。核心资源指的是公司为了发挥优势、吸引顾客用到的人、财、物方面的资源。大家总结认为，公司的核心资源是跟很多电商建立了非常强的联盟关系，并拥有锁解码的核心知识产权。

随着讨论的进行，整个团队的参与度得到了大幅提升，大家的热情也被点燃，满意的笑容在大家脸上浮现。一方面，团队成员一起厘清了一些关键事实，比如顾客是谁、顾客的分类是怎样的；另一方面，大家基于公司具备的优势思考，对未来更加有信心了。以前大家并没有总结团队的优势，更多地强调团队存在的问题，从团队的优势出发，更能激励大家迈向未来。当大家总结出公司是什么样的团队，拥有什么样的资源，并一起复述的时候，王总感到他从来没有以这样的视角来看待公司的团队。

四、分析外部市场环境的变化

分析外部环境是制定战略目标会议中非常重要的环节，这个环节直接决定整个制定战略目标的会议能否取得有价值的成果。

企业面对的外部市场环境是动态的，所以我们需要用动态的眼光去看待外部市场环境的变化：哪些变化刚刚出现，哪些变化已形成趋势，哪些变化达到了稳定状态，哪些变化正在逐渐消失。

企业如何在不断变化的环境中存活下来并且得到发展？第一，依靠企业的核心能力和核心优势。第二，分析并把握外部市场环境的变化趋势。企业在制定战略目标时，要把资源主动投在明日之星上，也就是有发展前途的产品或服务上。

如何根据外部市场环境的变化调整企业资源的投入方向？要把资源投到需求正在增长的业务上，而不是需求正在下降的业务上。如果判断出某业务的需求刚刚出现，并且能够持续增长，就要投入资源。在需求到达顶峰时就不应再投入资源，在需求下降时要果断放弃。彼得·德鲁克告诉我们，每隔一段时间，就要审视现有的产品、服务和业务，要思考在当下你还会不会投资。如果答案是否定的，就该放弃。

杰克·韦尔奇在出任通用电气总裁之后，就通用电气何去何从的问题拜访了彼得·德鲁克。彼得·德鲁克问了杰克·韦尔奇一个问题：如果有机会重来一次，你还愿不愿意投资？如果你的答案是否定的，你该怎么办？由此，杰克·韦尔奇制定了全新的战略目标，而这个战略目标正是基于两点：一点是通用电气的优势，一点是外部市场环境的变化。

当时通用电气的白色家电业务在美国绝对处在顶峰，占据着市场统治地位，但是杰克·韦尔奇认为，白色家电行业的需求不会再增加，于是出售了该业务。杰克·韦尔奇选择了医疗、发动机等有很好发展前景且利润比较丰厚的行业,这也是通用电气擅长的领域。在杰克·韦尔奇的带领下,通用电气的市值不断增长。

在分析外部市场环境变化时,可以借助波浪分析这个工具,从多个维度帮助团队获得全面的信息。

首先要分析顾客和非顾客。顾客包括买产品或者服务的人和可能买产品或者服务的人（潜在顾客）。非顾客是对产品和服务有需求,但是没有购买公司产品或者服务的人。如果企业只关注顾客,很有可能会被自己从来都没有想到过的竞争对手打败,或者陷入无法创新的困境中。诺基亚这个曾经绝对的强者,就是因为对非顾客研究不足才被苹果、三星超越的。另外,还要分析销售渠道的变化、竞争对手的变化,以及对标企业的变化等。

了解这些内容之后,会议就进入了共创环节。王总请大家分成五个小组分析外部市场环境有哪些变化。第一个小组根据上一阶段的顾客分类分析现有顾客需求的变化,第二个小组分析非顾客需求的变化,第三个小组分析渠道对公司需求的变化,第四个小组分析竞争对手、竞争策略的变化,第五个小组分析智能家居行业政策的变化。

如何组织分析呢?拿第一个小组来说,如果有三类顾客,需要画三个波浪图形,小组成员将自己的观点写在便利贴上,并把便利贴贴到波浪相应的位置上。如果认为某个需求刚出现,就把便利贴贴在波浪刚开始的位置;如果认为某个需求越来越明显，可能会变成主流需求，就把便利贴贴在波浪上升的位置；如果认为某个需求已经变成主流需求，就把便利贴贴在波浪的顶峰；如果认为某个需求在下降，就把便利贴贴在波浪下降的位置。贴完之后，要求小组内部讨论，注意同样的内容只能出现在波浪相同的位置上。请小组确认在波浪每个阶段都有哪些需求值得大家注意。

哪些信息会出现在引导布上呢？对于顾客和非顾客需求变化的分析，需要思考他们对企业需求的变化。比如说顾客对整个智能家居生态的需求刚刚出现，通过指纹、声音，甚至是瞳孔的多重检验需求刚刚出现；准确的面部识别需求在逐渐扩大；指纹已经变成了常规需求；备用钥匙的需求在下降。

分析竞争对手竞争策略的变化时，不用分析竞争对手的需求，而要分析竞争对手哪些做法刚开始做，哪些做法越来越多，哪些做法放弃了。比如说，竞争对手已经开始使用虹膜技术，多种识别方式的综合应用越来越多，指纹已经变成常规操作，钥匙被放弃了，等等。

在每个小组完成讨论后，为了更全面地获得信息，可以使用世界咖啡的方式帮助成员之间相互学习。小组组长充当咖啡馆的主人，其他小组成员可以自由贡献自己的想法。在大家相互学习、相互交流之后，小组成员需要在一张新的引导布上通过波浪分析告诉大家未来可能要聚焦什么、放弃什么。

通过讨论，大家基本达成了共识：公司要从生产智能门锁转变为生产智能家居，因为公司在智能门锁领域积累的很多技术都可以应用到更广泛的领域中，而且顾客和非顾客甚至是渠道对公司也有这样的预期。

五、对愿景达成共识

在对外部市场环境的变化达成共识后，全体成员回顾前两个阶段得出的结论，然后接着讨论如果公司能发挥优势，并且把握住市场机会，公司和个人将会成为什么样子。

在大家讨论前，王总向大家分享了他的退休宣言，他希望自己退休的时候这家公司能够属于所有员工。王总分享完后，全体成员被分成了三个小组，一个小组讨论十年之后公司和个人会成为什么样子，一个小组讨论五年之后公司和个人会成为什么样子，最后一个组讨论三年之后公司和个人会成为什么样子。

大家把设想的公司未来按照时间长短用图画的形式展示出来，并且大声说出来。比如在畅想十年之后公司和个人的发展时，技术部的负责人说希望可以把父母接到自己所在的城市，他们会有一个不大但很温馨的独立居所；公司会成为行业标杆。等大家都说完之后，王总让大家看一看公司三年、五年、十年发展的路径是不是与自己的设想一致，如果有不一致的地方，大家可以再调整。

大家调整完后，全体高管被邀请讨论企业的愿景是什么。企业愿景需要回答：企业想成为什么样子？未来要依托什么核心能力？未来要满足顾客什么需求？

之后安排大家三人一组，每个组至少写出一条愿景，将写好的愿景贴到引导布上，然后全体人员一起讨论企业的愿景，最终王总和大家一起总结出了愿景的初稿。

六、明确使命

企业愿景明确之后如何实现呢？这需要先回答企业使命是什么的问题。企业的使命回答了企业为什么而存在的问题。通过明确使命，可以帮助组织全体成员明确企业发展方向，增强信心，凝聚力量。好的企业使命需要涵盖三方面的内容：一是满足顾客什么样的需要、顾客是谁；二是明确企业的核心技术是什么；三是顾客的需求如何被满足。

比如，谷歌的使命是"整合全球信息，使人人皆可访问并从中受益"。一家房地产企业的使命是"为业主创造美好生活"，一家医药企业的使命是"解码天然产物，为心脑血管病患者体面生活而研发新药"。这些都是好的企业使命，很直观地告诉企业内外部人员，组织是做什么的，为什么去做。对于这家医药企业来说，顾客是心脑血管疾病患者，给顾客提供的价值是体面的生活，核心竞争力是解码天然产物和自主研发新药。这样一个使命，不管对于内部员工来说，还是对于顾客来说，又或者是对于投资者来说，都非常明确。大家用同样的方法，也是三个人一个组，来界定企业的使命是什么。

企业的中高层管理人员一起讨论制定企业的愿景和使命是

非常有意义的。确定企业愿景和使命的过程，也是企业文化建设非常重要的内容。

七、分析现状

确定企业愿景和使命之后，需要让大家回到当下，找出实现愿景、践行使命的有利和不利因素是什么，也就是分析现状。

大家经过讨论最终确定可以从五个维度来分析现状，即人才支持、财务保障、物质保障、流程制度、企业文化。

确定五个维度后，由与每个维度相关的管理者分别担任该维度议题讨论组的组长，其他管理者根据个人意愿选择加入其中一组，但每组的总人数有要求。基于企业的实际情况，要实现愿景，践行使命，从人才支持、财务保障、物质保障、流程制度、企业文化的维度分析有利因素和不利因素分别是什么。

每个议题的组长带领自己的小组成员就议题进行讨论，小组成员用绿色的笔将有利因素写在白纸左栏，用红色的笔把不利因素写在白纸右栏。大家写的有利因素和不利因素要具体，不要写大话空话，不要写模棱两可的话。五个小组都写完后，分别将写有本小组议题的纸在整个会场中按顺时针传递，五个小组的成员分别对传到本小组的议题进行补充。

比如，财务组的议题传到人力组以后，人力组的成员将从他们的视角就财务组的议题讨论有利因素和不利因素。他们可以对已有的观点点赞、补充，也可以提出不同的观点甚至是完全相反的观点。每一个小组都要对其他四个小组的议题提出本小组的观点。最后,每个小组的议题纸又回到了本小组,只是上面增加了很多不同的观点。

每个议题小组需要结合各种不同的观点深入思考:对于达成公司使命最有利的因素是什么,最不利的因素是什么。每个小组将最有利的因素写在绿色的A5纸上,最不利的因素写在红色的A5纸上,每张纸上只写一个观点。之后,将五个小组的议题纸贴在引导布的右边,把五个议题中最有利的和最不利的因素进行汇总,并让在场的各位管理者对这些关键因素提出自己的意见,如果有需要还可以补充。最后,会议全体成员就最有利因素和最不利因素达成了共识。

为了保证最有利因素能够发挥更大作用,在目标制定中需要思考什么?为了把最不利的因素排除掉,在目标制定中需要思考什么?各个部门结合自己的实际业务又展开了讨论。

八、制定目标

企业需要在多个维度制定目标,而不是单一维度,写有不同维度目标的A4纸被贴到了会议室的墙上,包括营销、创新、人力、财务、物力、生产力、社会责任、利润等八大维度(见图3-1)。现场的管理者根据八个维度被分成八组,每个组都需要站在公司的立场上,讨论公司的目标应该如何制定。

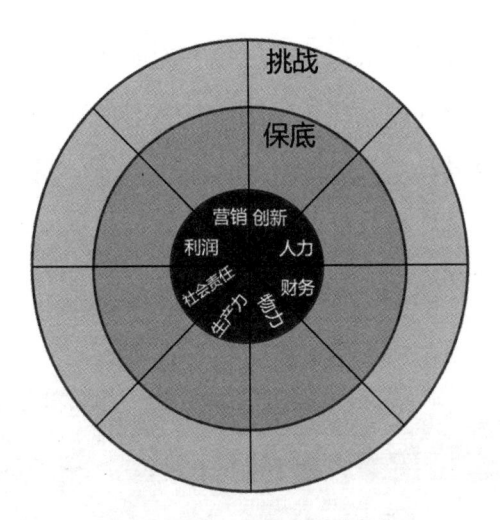

图3-1 在八个维度制定目标

这个时候，大家要思考，为了保证自己小组的目标能够实现，需要在其他维度设定什么目标来帮助本小组实现目标。每位管理者都可以根据本小组实际情况补充相关内容。初步目标写完之后，把八张A4纸贴到一起，大家进一步思考哪些目标必须放到下一年。如果这些目标都实现了，公司下一年度的绩效是不是令人满意。在大家确认之后，再要求大家把这些目标汇总成四五个大目标，每个大目标下列出四五件里程碑事件来解释如何实现目标。王总带领公司高管和部门经理逐条梳理，最终梳理出了公司目标。

九、制定衡量矩阵

企业的目标梳理完成后，很多企业的战略目标研讨会就结束了，但其实少了一个非常重要的环节，那就是确定衡量绩效的标准。在目标制定阶段，就应该和团队成员明确绩效是如何衡量的，衡量的标准、项目分别是什么，最好制作一个衡量矩阵表（见表3-1）。只谈目标，不谈衡量标准，目标很有可能无法落地。目标是衡量标准的基础，通过衡量矩阵表，能够保证组织顺利向目标迈进。

表3-1 衡量矩阵表

	衡量标准	周期	负责人
项目1			
项目2			
项目3			
项目4			

一开始，大家衡量的绩效基本是经济绩效，比如合同额、研发的产出等。这时，王总请大家重新审视目标。于是，就如何通过调整衡量方式促进目标实现，大家又补充了一些以前没有注意到的内容，比如创新的衡量标准、人才发展的衡量标准、践行企业价值观的标准等。

衡量方式的转变，会激发企业活力，有力促使企业绩效得到提升。

第四节　共创战略目标的典型引导工具和方法

企业制定战略目标要经过几个环节，分别是分析优势、分析外部市场环境变化、确定使命和愿景、分析现状、制定目标、确定绩效衡量标准。在分析外部市场环境的变化时，波浪分析是帮助团队动态看待外部市场环境变化的有效工具。对于确定使命和愿景可以通过演示的方式来展示。在分析现状时，可以用立场分析这一工具。在制定目标时，可以使用 OKR（Objectives and key Results 目标与关键成果法）。在衡量绩效的时候，可以使用矩阵来明确衡量标准。

在本章制定战略目标的案例中，首次使用了波浪分析和市场分析这两个重要的引导工具。

一、波浪分析

波浪分析是一种直观的、动态的分析趋势变化的工具，非常适合用于分析外部市场环境的变化，它可以帮助参与者了解在顾客、非顾客、渠道、竞争对手、行业政策等维度需要聚焦什么，放弃什么（见图3-2）。

[图示：波浪曲线，标注有"开始"、"上升"、"顶峰"、"低谷"四个阶段]

| 顾客 | 非顾客 | 渠道 | 竞争对手 | 行业政策 |

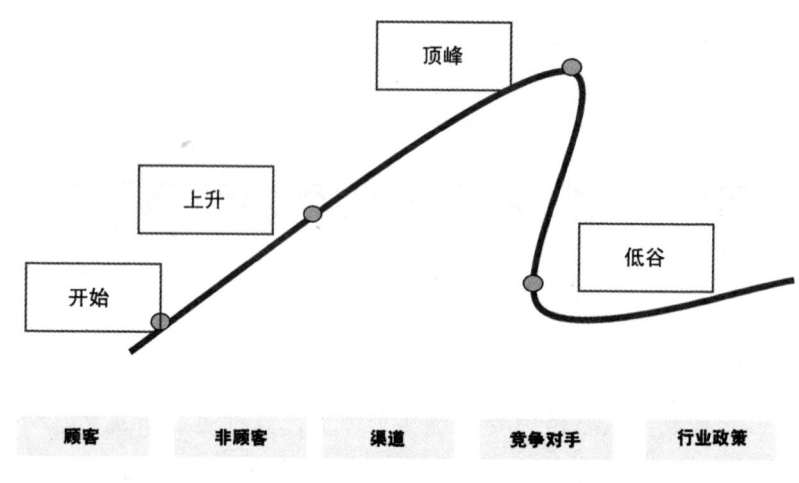

图 3-2 波浪分析结构图

（一）波浪分析的引导原则

第一，设定好需要分析的维度。比如顾客、非顾客、渠道、竞争对手、行业政策等，可以根据不同的会议目标、不同的参与人数灵活设定。

第二，鼓励每个人参与。波浪分析是对未来的判断，是充满风险的，需要鼓励每个人参与。

第三，在不同的观点间展开对话。比如同样一个观点，有人会把它贴到波浪的顶峰，有人会把它贴到波浪的低谷，这说明大家的认知是不一样的，这本身是很有意义的。团队伙伴需要互相倾听彼此的见解，包括为什么放在这个位置、想法是什么等。最后对该观点应该放在什么位置达成共识。

第四，贴完便利贴后，要进行整体分析。整条波浪会告诉大家趋势是什么，趋势的变化是怎样的，需要聚焦和放弃什么。

（二）波浪分析的引导流程（见图 3-3）

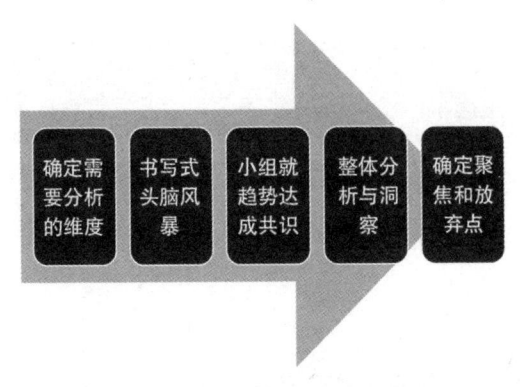

图 3-3　波浪分析的引导流程

第一步，在引导布上画出波浪图形，确定研讨分析的维度。

第二步，书写式头脑风暴，每个人将自己的想法写在便利贴上贴到波浪相应的位置。

第三步，小组成员要对每个趋势在什么位置达成共识。

第四步，整体分析与洞察。

第五步，明确聚焦什么、放弃什么。

二、立场分析

立场分析是通过直观地展示要做的一件事情的正反两种力量，帮助参与者了解这两种力量的对比，引发大家思考，从而找到最为关键的因素的一种方法（见表 3-2）。

表 3-2　立场分析表

	促进	阻碍
人才支持		
财务保障		
物质保障		
流程制度		
企业文化		

(一) 立场分析的引导原则

第一，需要设定好分析的维度，比如从人、财等视角来看一个维度的正反两种力量是什么。

第二，在讨论的过程中，鼓励每个人表达自己的真实想法，每个人的想法都应得到尊重，便利贴是一个非常实用的工具。

第三，要明确书写的规则，在书写的时候需要从相对可衡量的事情入手，不要写一些大话和空话，尽量是对客观事实的描述，一次讨论一个维度。

第四，在界定关键因素时，需要有评判的标准，比如有效、容易等，不能仅靠感觉。

(二) 立场分析的引导流程 (见图 3-4)

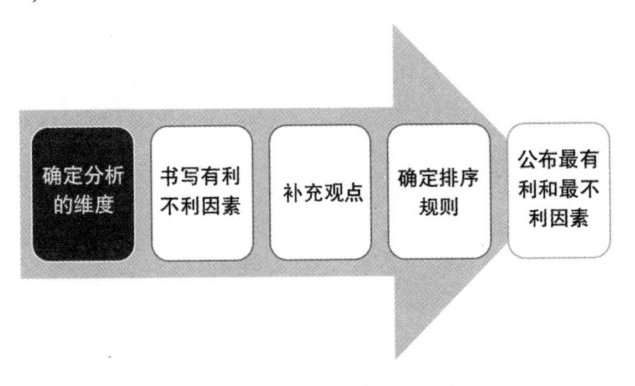

图 3-4　立场分析的引导流程

第一步，可以在引导布上列出讨论的模板，确定研讨分析的维度。

第二步，使用不同颜色的便利贴，大家头脑风暴，每个人都将自己的想法写在便利贴上贴到有利或不利因素的位置。

第三步，采用世界咖啡等方式，对观点进行补充。

第四步，确定排序的规则，或者使用强制排序。

第五步，找到最有利和最不利的因素。

第四章

目标分解，行动落地

组织的目标制定完成后，如何将其有效分解成部门甚至是个人的目标，对于目标的落地至关重要。如果目标不落地，目标就失去了意义。只有将组织目标分解成部门目标，直至分解成个人目标，目标才有可能落地。通过对目标的管理，可以提升员工自主管理的水平，并激发其为目标奋斗。

第一节　目标分解的挑战

在目标分解阶段,管理者经常面临如下挑战。

一、公司的目标只是写在纸上

公司制定了目标,团队成员只是被动参与,被动倾听,并没有深入思考,也不会因此改变自己既有的工作方式和工作态度。

二、团队成员不愿意制定高绩效目标

在公司目标进行分解时,团队成员不愿意制定高绩效目标,总觉得目标都是老板派下来的,能少则少,认为高目标对自己没有好处。所以,团队成员都不约而同选择定较低的目标。

三、团队成员不理解目标的由来

团队成员不理解目标制定的逻辑,自己的理解和上级的要

求不符，只看到了目标制定出来的结果，却不知道目标是怎么制定出来的，为什么要这么制定，并且对如何实现目标既没有思路也没有方法。

四、互相推诿，不配合

在分解目标的时候，部门和部门之间不沟通，各自制定各自的目标，在执行的时候遇到冲突也是互不让步，互相推诿。在日常工作中，管理者对部门之间的不配合也时有抱怨。

第二节　目标分解的关键

一、目标不是指标

很多企业的员工对于目标有误解，认为目标就是指标。其实目标和指标是两个不同的概念，目标强调的是大家共同努力的方向，它是一种驱动力，更是一种向心力，让大家朝着这个方向迈进；而指标是指衡量大家绩效的数据。

目标是指标的基础，目标帮助组织确定需要达到的最好状态是什么样；而指标帮助组织推进目标的实现。目标可以和指标重复，但也可以不重复。如果组织只有指标，那么员工可能会忽视外部市场环境的变化，只围绕指标工作，导致员工缺乏创新意识，甚至产生只要不犯错就好的心理。所以，企业要将目标作为管理的方法和手段，通过目标管理来促进考核指标的完成。

二、目标的制定过程是双向的

在目标管理过程中，很多人存在一个误区，即认为目标应该是自上而下逐级分派的，也因此，很多企业认为制定目标是老板的事，老板定好了交给员工执行就行了。

实际上，如果这样做的话，目标执行者就会失去思考的机会，执行起来也会有问题；而没有下级的意见，上级的目标也很有可能指向错误的方向。所以，目标分解的过程最好能先自下而上，再自上而下，上上下下，多次往复，最后达成共识。不管自下而上还是自上而下，目标制定都是双向的，而非单向的。

三、目标对上负责

每个部门的目标都必须通过对上级部门做出的贡献来设定，所以目标永远向上。上级部门必须保留对下级部门目标的审批权，但是目标的设定是管理者的重要责任。

很多中基层管理者认为，既然目标最后要由上级审批，自己制定的目标就可有可无，而且就算自己制定了上级也未必同意，其实这种想法是大错特错的。虽然上级有审批权，但是目标是管理者有效的管理工具，即使上级没有要求，下级也需要主动思考未来的工作，这样就可以知道自己想要做的和上级想要的有什么差别，为此可以主动和上级沟通。

如果每一级别的管理者在制定目标时，都以上级的目标为出发点，那么制定出来的目标将更容易获得上级的认可。彼得·德鲁克说，管理者必须理解企业的最终目标，企业对自己有何期望及其原因，以及企业对自己的衡量标准是什么，背后的原因是什么。目标要对上负责，对下要达成共识。

四、目标需要相互协同

在目标制定阶段和目标实施阶段，如果各部门不强调整体利益，不强调部门之间的配合，那么最终整体结果将很难达到预期。所以，在制定目标的时候，部门间需要相互协同。

五、目标需要面对变化

在不断变化的社会，如果在目标实施阶段外部市场环境发生变化了，那么目标执行得越严格，最终产生的偏差就会越大。在目标执行的过程中，团队需要定期查验当下做的事情是否与外部市场环境相匹配，如果不匹配，需要及时调整团队目标。目标应该是动态的而非静态的。

六、实现目标可以采用 OKR 体系

OKR 中的 O 代表英文单词 Objectives，即目标，K 和 R 分别代表 Key 和 Results，即关键成果。2000 年，安迪·葛洛夫（Andy Grove）在英特尔公司首先推广 OKR 管理体系。这一体系的思想来源于彼得·德鲁克的管理哲学，也就是通过目标与自我控制来管理。

葛洛夫希望通过 OKR 体系，打造一种全员靠自我控制来实现目标的组织文化。葛洛夫认为一个成功的目标管理系统需要回答两个基本问题：第一个问题是想去哪儿；第二个问题是如何调整节奏，以确保正在往那儿走。第二个问题看似简单，却掀起了一场革命。这就是后来广为人知的关键成果，它被增加到目标中，成为整个 OKR 体系中不可缺少的一部分。

为什么说关键成果掀起了一场革命？你会发现，很多公司的目标（比如年度目标）定完以后，每个月的完成情况如何并没有人在意。大家觉得一个月过去了没事，还有 11 个月，上半年过去了还有下半年，所以很多时候关键任务被耽误，没有时间完成，这是时间维度的问题。另外一个维度是任务的重要性，如果目标定得不够细，只是一个大概的目标，可能很多关键任务会被忽略。

不管公司要不要采用 OKR 管理体系，都应该借鉴其优点。葛洛夫认为 OKR 是驱动组织朝期望方向前进的一种简洁的描

述，它主要回答的问题是想要做什么。一个好的目标应当是有时限性的（如某个季度或者某年完成什么目标），是鼓舞人心的，是能激发团队成员产生共鸣的。而关键成果是一种定量的描述，用于衡量指定目标的完成情况。

如果说目标回答的是我们想做什么的问题，那么关键成果回答的则是我们如何知道自己达成了目标的问题。目标可以是定性的，也可以是定量的，但是关键成果必须是定量的，也就是说关键成果的每一项都是非常具体并且可衡量的。

例如，某销售团队某年度使用了OKR，目标是打造一支有战斗力的销售团队，关键成果分为四部分。第一部分是每个月的销量比上年增长15%，第二部分是每个月客户拜访量比上年增长20%，第三部分是每个季度评选出季度明星，第四部分是每个月完成区域销售的复盘。

通过多维度制定OKR，不光实现销售结果，还关注了人才的发展，提升了公司管理能力。打造一支有战斗力的销售团队，这样一句话是鼓舞人心的，是定性的；但是如何确定是否有战斗力，需要通过关键成果来界定。通过这样的方式，把一个相对模糊的概念变成了具体的一项一项可衡量的指标。

在部门实行OKR时，目标需要根据外部市场环境的变化和目标完成情况周期性更新。如果要更新目标，需要得到上级的批准，还需要考虑对其他部门的影响。

很多企业只考核年度目标，这没问题，但是在每个季度结束或者年中需要核验年度目标的完成情况，并适时灵活调整。

在制定部门目标的时候，要注意员工的参与度和共识的达成，有时候员工不愿意接受高目标，可以通过引导的方式让员工主动接受挑战，制定高目标。

七、部门目标应该涵盖的内容

部门目标需要对企业目标负责，并且涵盖三方面的内容。第一方面，部门的绩效目标是什么？第二方面，支持其他部门实现目标的绩效目标是什么？第三方面，想要从其他部门获得支持，要制定的目标又是什么？最终通过大家的参与和部门目标制定的流程，使大家对目标达成共识。

想要让全体员工对企业目标达成共识，唯一的方法就是让全体员工认真思考本部门的目标，并积极认真参与到目标制定过程中。团队之间良好协作，并让团队取得成果，应该始终是企业的目标。

八、分解目标时管理者的责任

公司的战略目标制定后，很多管理者会向公司员工进行宣贯。但宣贯不是管理者的责任，让公司员工理解公司的战略目标才是管理者的责任。

大多数管理者善于表达却不善于倾听。他们在分解战略目标过程中，讲得多，听得少，并且不太接受不同的观点，很有可能是"一言堂"。然而，在当今社会，随着外部市场环境的变化，最了解一线信息、最了解顾客的可能并不是管理者，而是基层的管理人员和一线员工。因此，在分解战略目标的时候，听取不同的意见，创造一种所有员工积极参与和安全的对话环境，让大家把真实想法说出来，也是管理者的责任。员工的参与本身就是对员工的激励，可以提升大家的士气。

在目标分解过程中，许多管理者会要求下属承担责任，这并不完全正确。因为在让下属承担责任时，也必须赋予其与责任相匹配的权力。当下属不愿意承担责任时，管理者需要思考背后的原因是什么、障碍是什么、下属应该有的权力是什么。所以，让下属在承担责任的同时拥有相应的权力是管理者的责任。

在目标制定阶段，如果不同团队、不同个人之间的目标不能相互支持、相互配合，并且无法达成共识，那么和团队伙伴一起找到解决方案是管理者的责任。管理者应该由绩效目标指挥和控制，而不是由自己的上司。

企业目标制定后很难执行，一个很重要的原因是没有有效的衡量方式。从员工的角度出发，结合组织和顾客的需求，采用合适的衡量方式是管理者的责任。

第三节　目标分解的案例

王总的公司通过战略目标研讨会，基本明确了公司目标，但部门目标还没有定，基层管理者对公司的目标还不是很清楚。在以往的工作中，部门之间相互推诿、相互抱怨的事经常发生。想要将公司的目标分解到每个部门，在目标制定阶段就让大家协同起来，引导式管理者应该怎么做呢？

一、分解目标和设计流程

王总决定通过研讨会将公司目标分解到每个部门。为了激发大家参与的积极性，不给团队太多压力，王总请下属小李作为引导者主持这次研讨会。根据前期调研，小李明确了这次会议的产出结果和体验目标。

研讨会的产出结果：（1）将公司目标分解到每个部门，每个部门制定出清晰的下一年的目标；（2）每个部门都要确定衡量目标完成与否的方式。

体验目标：（1）大家能够相互配合、相互协同；（2）大家愿意挑战高目标；（3）营造一种"比学赶帮超"的氛围；（4）

在会议过程中创造安全的对话环境，让大家都能够参与进来。

这样，研讨会大概需要一天时间，公司的高中基层管理者50多人参与其中。

本次会议流程如下：

目标分解，部门目标制定流程大致分这样几个阶段：了解上级的目标是什么；了解团队自身优势是什么；通过了解上级的目标，结合自身优势，分解出初步的部门目标。部门也需要多维度的目标，对部门目标有帮助的每个维度都需要设定目标。因为这只是初步想法，设想可以大胆一些。

最终，部门目标还是要基于团队的现状制定。哪些优势可以促进目标的实现，哪些劣势会阻碍目标的实现，如何把促进目标实现的优势发挥出来，如何排除阻碍目标实现的劣势，这些都需要在制定目标的阶段考虑进去。

在这个阶段，需要思考为了支持整个公司目标的实现，部门之间互相配合的目标是什么，要进行目标的对齐。

经过以上几个阶段的思考，目标就基本确定了。之后，各部门需要针对正式发布的目标制订详细的行动计划。

行动计划制订出来后，为了保证大家能够按照计划执行，需要思考如何衡量目标是否完成，以及衡量的维度是什么、标准是什么、需要收集哪些信息等。

二、研讨会的启动

根据研讨会的要求，选择一间有较多墙面的会议室，把引导布预先贴好，并且把桌子按照岛屿状布置，一个部门坐在一个岛屿上，公司高管的位置要安排在最后面，以方便他们自由活动。

研讨会开始，王总首先明确他的角色是参与者，会和大家一起研讨，以达到研讨会的目标。王总和大家对本次研讨会的规则和产出成果达成了共识，并分享了这次研讨会的流程，在得到大家认可的情况下开始了研讨会。

小李邀请王总对这次研讨会谈谈自己的想法。王总表示希望全体团队成员都能够理解公司的目标，并且制定出各部门目标的大体框架，要站在当下，聚焦未来，强调目标的牵引及相互配合。王总特别说明，今年的绩效考核方式会调整，一定会向愿意制定高目标并能实现高目标的人倾斜。

三、理解上级的目标

小李邀请参与过公司战略目标研讨会的部门经理和高管分享了公司的目标是怎么制定的。王总也和大家分享了公司下一年的目标是什么、具体着力点是什么，以及公司最想做的突破有哪些。

在各位管理者分享参与公司制定战略目标会议的经历时，小李要求每个部门认真记录大家的发言及与本部门目标相关的内容，特别是当下和前一年的不同之处和值得讨论之处。然后，小李给了大家半个小时的时间讨论这样几个问题：公司的目标是什么？今年的变化有哪些？这些变化哪些和自己部门目标相关？

半小时后，小李发给每个小组一张分成两栏的大白纸，一栏用绿色的笔写与本部门相关的相对容易实现的目标，另一栏用红色的笔写与本部门相关的比较难实现的目标。在每个小组写下对整个公司目标的理解之后，小李邀请王总和相关公司领导做了点评。

四、本部门目标的初步设想

上一个过程结束后，小李和大家分享了需要在多个维度制定目标，并请大家思考，应该在哪些维度制定部门目标？每个小组把自己的想法写在 A5 纸上，然后通过团队共创确定。最终，大家认为需要在四个维度制定目标。

第一，需要在业绩维度制定业绩目标，跟公司目标相关的业绩目标是什么？比如说合同额、利润、营业额等；第二，需要在创新维度制定创新目标，即下一年有哪些创新举措；第三，需要在人才维度制定人才发展目标，即下一年各部门需要招多少人，每个人需要具备什么样的素质，现有人员的能力是如何提升的，要达到什么样的水平；第四，需要在文化维度制定文化目标，即下一年部门文化需要强化什么，减弱什么。

之后，小李给每个部门半小时时间，让他们从这四个维度思考：部门的目标可能是什么，最好的结果是什么，这些目标都实现了是否可以促使公司的目标实现。每个部门都在 A5 纸上写出来部门在这四个维度目标的初步设想。

在部门目标的初步设想写好以后，为了促进大家相互学习、相互理解，小李使用了世界咖啡的形式帮助大家相互学习。每个部门的部门经理作为咖啡馆主人，部门成员到其他部门交流学习，在把其他部门的优点带回自己部门的同时，也可以对到访部门的目标发表自己的观点。

在世界咖啡这个环节结束后，小李又让各部门用半小时时间修订本部门的初步目标，设想可能达到的最好状况是怎样的，并邀请分管领导听听他们的想法。

五、现状分析

就各部门的现状，小李请一位高管分享了在公司战略目标制定过程中使用的五个维度和这五个维度的关系。各部门在制定目标时同样可以使用这五个维度：人才支持、财务保障、物质保障、流程制度、企业文化。

每个部门都要思考，从人才支持的维度看，有利因素和不利因素分别是什么；从财务保障的维度看，有利因素和不利因素分别是什么；从物质保障的维度看，有利因素和不利因素分别是什么；从流程制度和企业文化的维度看，有利因素和不利的因素分别是什么。

每个组都得到了一张白纸，需要将这五个维度的有利和不利因素都写在上面，有利因素用绿色的笔写在了左栏，不利因素用红色的笔写在了右栏。大家要尽可能写详细，不要写大话空话或模棱两可的话。之后，总结出最有利和最不利的因素分别是什么。

为了保证最有利的因素能够发挥更大的作用，在制定目标时需要思考什么？为了把最不利的因素排除掉，在制定目标时需要思考什么？小李又给了大家 20 分钟时间，请大家对目标做相应的调整。

六、相互配合的目标

目标初步形成后，小李要求各部门思考，为了更好实现本部门的目标，需要从哪些部门获得什么样的支持，本部门又可以给其他部门提供什么支持。每个小组都将这些写在蓝色的便利贴上，在便利贴的上方写明是写给哪个部门的，落款写来自哪个部门，中间写需要什么样的支持。寻求其他部门支持的便利贴（见图 4-1）。

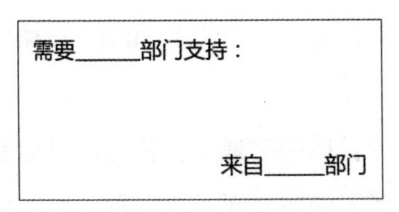

```
需要_____部门支持：


              来自_____部门
```

图 4-1　寻求其他部门支持的便利贴

小李给每个部门提供了两种颜色的便利贴，一种颜色的便利贴上写本部门可以给其他部门提供什么支持，另外一种颜色的便利贴写本部门需要别的部门提供什么支持。

写完便利贴后，各部门在经理的带领下，依次走到每个部门的目标画布前做三件事。第一件，对所参访部门的目标提出意见，可以是赞同的意见，也可以是反对的意见；第二，思考为了实现本部门的目标，需要参访部门提供什么样的支持，把写有需要提供支持的便利贴贴到参访部门的画布上；第三，为了实现参访部门的目标，自己可以给参访部门提供什么支持，可以把相关支持写在不同颜色的便利贴上贴到画布上。

当便利贴全部贴完后，大家回到本部门的目标画布前。对于其他部门需要的支持，如果本部门目标中已经涵盖，需要告知对方；如果本部门目标并未涵盖，而本部门可以做到，那么需要将对方的要求写到本部门目标中；如果本部门目标中并未涵盖，本部门也做不到，那么需要和对方部门经理沟通，达成共识，并修改目标；如果双方无法达成共识，则可以一起找主管领导沟通协调，最终达成共识，并修改目标。

协同目标制定完毕后，将所有部门的目标画布贴到一起。这时，小李事先准备好了公司定的 OKR，全体成员一起思考如下几个问题：

如果各部门的目标都实现了，公司的目标能否实现？有没有什么遗漏？各部门目标之间是否协调一致？公司的高管对各部门的目标有什么补充？

七、目标完成度的衡量方式

对上述问题达成共识后，各部门要把目标写成 OKR 的形式，并让主管领导批示。问题要涉及如何制定衡量标准以确保各部门成员都朝着各自的目标迈进、多长时间衡量一次、由谁来收集信息、负责人是谁等。

八、制订行动计划

如何制订行动计划呢？小李给了大家制订行动计划的模板，并且做了简要介绍。各部门的每一个目标，都需要制订行动计划，所以需要较长时间才能完成。

行动计划由以下七个部分构成：第一部分是目标和里程碑事件，也就是前面几个阶段达成共识的 OKR；第二部分是为了实现这样的 OKR 要进行任务分解，任务分解完成后，每个部门都找到了关键任务；第三部分是做这些工作，需要哪些资源，如何去配置；第四部分是为了保证大家能够按照分解的任务实现目标，需要什么样的流程和制度，特别是工作之间是如何衔接的；第五部分是在实现目标的过程中，可能遇到什么样的风险，以及针对这些风险的预案是什么；第六部分是为了保证全体成员能够朝着目标迈进，我们需要如何去做沟通，相关人员如何协同一致；第七部分是我们的行动计划什么时候需要更新以及更新的周期是多久，比如说是每个月还是每个季度进行更新，还有哪些关键事件发生之后，部门目标就需要进行变化和调整。

小李给了大家两个小时时间讨论、确定行动计划，准备汇报的内容。

九、目标、行动计划展示和反馈

上述工作完成后,每个部门依次向公司高管汇报本部门的目标和行动计划。公司高管不需要对每个部门的汇报做出反馈,而应尽量问高质量的问题,少给答案,一次只问一个问题,公司高管反馈的目的是提升大家的士气。公司高管有任何疑问或者反馈意见都可以提出来,但需要遵循提出疑问的原则。

由于这种形式创造了相对安全的对话环境,每个部门都进行了分享,同时由于给高管也定了任务,他们也比往常认真。最后,王总做了总结发言。

通过目标分解,公司目标分解成了部门目标,各部门成员都理解了公司目标,也对本部门的目标达成了共识,而且每个部门都制订了详细的行动计划。

第四节　目标分解的典型引导工具和方法

在这一天的讨论中,为了激发大家的参与热情,小李用了非常多的引导技术,比如城镇会议、团队共创、世界咖啡、画廊漫步、立场分析、衡量矩阵等。这种把所有部门经理和部门主要成员聚在一起的方式，激发了大家"比学赶帮超"的劲头。更为重要的是，这次研讨会按照 GROW 的模型进行了设计，这个模型在引导、教练、团队成长等方面都可应用。

一、GROW 模型的应用

GROW 模型不仅是引导工具，也是引导流程。

（一）GROW 简介

GROW 是四个步骤的缩写，G 代表 Goal，在这里是目的或目标，也可以指初衷；R 代表 Reality，在这里指现状；O 代表 Options，在这里指的是可能的方案；W 代表 Way，指的是将要做的事情，也可以指达成的目标。

我们可以在两种情况下使用 GROW 模型。如果说团队的目标已经非常清楚了，那么 G 代表的就是目标，为了实现这个目标，要分析团队的现状和实现目标可能的方案，并制订行动计划，确定最终要做的事。如果说团队的目标不是特别清楚，也可以用 GROW 模型明确团队目标和制定行动方案，小李在此次研讨会中就是在这种情况下应用的。

（二）GROW 模型的引导原则

刚开始，各部门只是对未来的发展方向有个模糊的认识，所以首先要了解上级的目标是什么，思考哪些是和大家相关的；大家初步的想法是什么，有利和不利因素分别是什么，可能的部门目标是什么。在这次研讨会中，团队成员经过几轮思考，用了世界咖啡、画廊漫步等方式,让大家找可能的方案,最终确定目标是什么,行动计划是什么。

(三) GROW 模型的应用领域

GROW 模型既适用于团队,也适用于个人。在跟下属或者相关的人讨论的时候,可以从初步想法是什么、现状是什么、可能的实现方法是什么、最后打算要做什么等几个方面进行讨论。GROW 模型在个人成长领域和目标分解过程中都是非常实用的。

二、画廊漫步的应用

画廊漫步是以所有会议参与者为中心,鼓励参与者移动位置,以小组形式轮换,促使参与者互相交流、讨论及互相评价的策略。画廊漫步能够快速使所有参与者对讨论情况有一个整体的认识。画廊漫步可以应用于引导的各个阶段,比如大家对某个事物形成共识的阶段,也可以应用于多种场合。

(一) 画廊漫步的引导原则

第一,聚焦讨论的主题。每个小组的讨论需要紧紧围绕主题展开,并记录下讨论的结果。

第二,密切关注参与者的状态,以确定大家是否能够按规则展开讨论。画廊漫步的行进路径,一般情况下是一组伙伴整体进行。

第三,管理研讨的全流程,推动群体深度对话,践行 Yes-

And 法则——这是一种有利于沟通或解决问题的技巧，无论对方提出什么观点或问题，你都要以"Yes-And"的方式回应，即同意对方的观点，然后提出自己的观点进行补充——推动不同想法的连接和整合。

画廊漫步可以在每一次小组移动前设定时间，比如说每三分钟或者五分钟移动一次。行至到访画布后，不允许大家再随意走动，对到访画布上的内容进行反馈，践行 Yes-And 原则，可以对相关内容进行点赞，也可以增加一些内容或提出反对意见，但是不允许把原来的意见直接抹黑，而是要用便利贴加上另外的内容。

第四，最终要有总结的环节。不是说大家看完就算了，最后还是要回到自己的画布前，思考新的收获是什么。

(二) 画廊漫步的引导流程（见图 4-2）

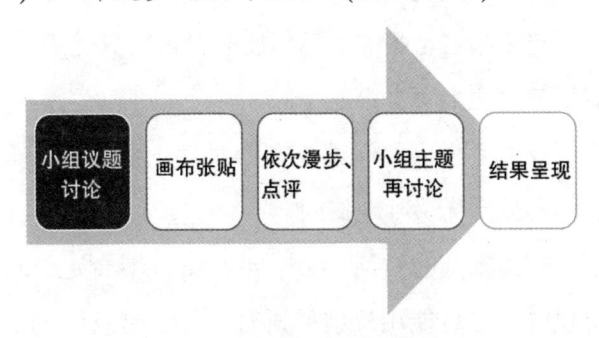

小组议题讨论 → 画布张贴 → 依次漫步、点评 → 小组主题再讨论 → 结果呈现

图 4-2　画廊漫步的引导流程

第一，每个小组要针对不同的议题进行讨论，并且把讨论结果写在画布上。

第二，画布要张贴在足够大的空间里，可以让大家移动起来。

第三，每个小组依次漫步，在整个过程中要有固定的时间，而且整体移动，并且注意点评和参与的方式。

第四，重新进行本小组议题的讨论，升华议题，把前面本小组讨论的内容和其他来访者贡献的内容进行总结、讨论，最终形成小组意见。

第五，整体结果的呈现和发布。

三、城镇会议的应用

城镇会议是应用于会议总结环节的反馈工具，通过城镇会议可以向全体参与者分享整个会议讨论结果。

(一) 城镇会议的引导原则

第一，反馈者需要提出开放式的问题，尽量少给答案。

第二，当汇报者汇报完以后，反馈者每次只提问一个问题，等汇报者回答完之后再提第二个。

第三，反馈者提出的问题要有针对性，要针对汇报者汇报的内容，而不能漫无边际地提问。

第四，创造安全的对话环境，不打击，不否定，只对方案内容提出建议，尽可能用反馈的语言。什么是反馈的语言？就是"我听到、看到了什么""我的感觉是什么""我的理解是什么""我的建议是什么"。

(二) 城镇会议的引导流程

第一，宣布参与的规则及时间安排。

第二，汇报者分享讨论的成果。

第三，反馈者针对议题提出问题，汇报者回答，或者是反馈者提供反馈。

第四，汇报者总结发言。

第五章

基于优势，激发改善

　　带领团队实现目标不会是一帆风顺的。如何在实现目标的路上持续激发团队成员的积极性，释放团队成员的潜能，增强团队成员的信心，建立良好的团队关系，使团队中每个人都能发挥自己的优势，从而构建一种积极向上、对绩效负责的文化，实现团队的快速发展，这对于目标能否顺利实现至关重要。

第一节　促使团队快速发展的挑战

一、人才成长跟不上要求

外部市场环境的变化，特别是竞争的加剧，会使团队组织能力和团队成员的个人能力很快就无法满足市场的要求。这就需要找到一种方式，让团队成员能够主动寻找解决方案，并且愿意行动，从而使团队自发成长。

二、聚焦问题而非机会

团队成员总是看到的问题多，看到的机会少，彼此之间也经常抱怨。大家都知道，真正能够创造未来的是机会，但人们很自然地会想到问题，而且更容易看到别人的问题。出现问题的时候，大家互相抱怨，很多机会就溜走了。

三、创新困难

随着竞争的加剧，创新的要求也越来越高，这就需要团队成员能够自动自发地创新，而不是上司告诉你要做什么你才做。

更为重要的是，有些时候上司也不知道要做什么，这就更需要团队成员自己思考怎样创新以完成目标。

四、不能容人之短

团队成员中能力强的人缺点往往也很明显，比如说销售能力很强的销售骨干，在项目管理中可能会存在一些问题；研发骨干的研发能力很强，但和其他人的沟通可能有些问题。很多管理者无法容忍团队成员的缺点，导致团队成员的能力无法充分发挥。

五、团队内驱力不足

团队总体的绩效令人满意，但各项工作的推进还需要领导督促，团队成员很少主动想办法，缺少内驱力。如果领导不去督促，下属就不做了。

六、团队成员不配合

团队成员之间配合出现问题，相互推诿、相互指责。遇到问题，大家都是看别人的问题多，反思自己的问题少，缺乏对目标的认同。

第二节 促使团队快速发展的关键

一、明确的绩效目标

团队成员清楚团队目标是团队发展的基础,如果团队成员不清楚团队目标,团队将失去方向,发展也无从谈起。

团队目标要足够明确,团队成员才能清楚。团队的目标和愿景确定后,再难也要坚定执行,不能说走到哪儿是哪儿,始终要确保目标导向。

每次研讨会结束后,团队需要制订出有衡量方式、有负责人的行动计划。不能说大家相互欣赏了,讨论得心潮澎湃,非常感动,最后只是象征性地订一些计划,这是不够的。在行动计划落实过程中,要以绩效为导向,团队要反复衡量团队占用公司的资源和给公司带来的收益之间的比例,将绩效导向贯穿始终。

二、将团队优势转化为生产力

用人所长,让每个人的优势转化成生产力是彼得·德鲁克管理思想的核心组成部分。用人所长不难,难的是怎样让每个人的优势都转化为生产力。

这就要求管理者要有能发现别人优势的眼睛，不光要看到团队成员的劣势，更重要的是发掘团队成员的优势，并使其淋漓尽致地发挥出来，而不是只想着如何补足其短处。

然而，什么是优势呢？优势就是你和竞争对手做同样的事情比竞争对手做得更快更好，付出得又相对较少，或者对于某方面的事你没有费太大力气就能做得很好。

清楚每个人的优势，也就知道了团队的优势，然后基于团队优势设定绩效目标。比如团队的销售能力非常强，这就是团队的优势。怎样验证这是不是团队的优势呢？可以设定一个相对比较高的目标，比如三个月之内攻克什么样的市场、产生多少销售额、达到多少份额等。如果三个月之后目标实现了，说明销售能力强是团队的优势；如果目标没有实现，可以反思团队在界定优势的时候是不是出现了问题。然后重新发掘优势，并重新验证。

根据团队的目标，合理设计岗位，然后根据团队成员每个人的特点和优势，将其安排在能发挥优势的岗位上，这一点对于发挥出整个团队的优势是很重要的。用人所长的同时要容人所短。能否让有优势的人发挥出其优势，关键在于能否容忍其劣势，能容忍其劣势，其优势才可能发挥出来。

如果一个人的劣势不影响其完成目标，比如一个一流的研发人才，不善于沟通，不善于与人打交道，但并不影响其研发工作，那就不用管，没有必要要求其提升沟通能力；如果强制其提升沟通能力，甚至安排相关的培训，反而会打击其积极性。如果一个人的劣势已经影响了组织的绩效目标，就需要干预；但干预的手段不是强制，而是要唤起其改变的决心，使其成长，或者通过岗位调整，使其劣势不影响组织的绩效。

团队就目标与公司达成共识后，至于团队要用什么样的方式来实现目标，公司要赋予团队自主选择权，对团队最大的打击莫过于剥夺其实现目标的自主性。赋予团队自主选择权，本身也是对团队的激励。公司要相信团队是会成长的，只要明确目标，如何去完成目标，需要多听团队成员的意见。对于团队成员来讲，实现目标的方式是自己提出来的，将来实现的可能性就会大幅提高。

要想让企业每个员工的优势都充分发挥，首先需要知道每个人的优势是什么，并在此基础上制定战略目标，这样目标才更容易实现。优秀的管理者能使团队成员的优势转化成生产力，为了实现目标，必须利用好每个人的优势。

三、团队成员积极主动，对未来充满信心

对于同一件事，态度不同，关注点就不同，行动也就不同。如果态度消极，看到的更多是问题，相应的行动就会以不犯错为出发点。如果态度积极，看到的更多是机会，行动就会以如何取得胜利为出发点。积极的态度对于团队在困境中找到机会、把握机会，建立良好的人际关系都至关重要。

团队成员要对未来充满信心，不管遇到什么事，无论是机

会还是问题，都要能够为了完成组织目标展开真诚对话，并相互倾听、相互理解，共创解决方案。只有这样，团队才能有创造力地工作，开创企业美好的未来。

团队成员要学会自我反思，彼此之间沟通时要做到不抱怨、不指责，从改变自己开始，通过自己的改变影响他人，而不是一开始就要求他人改变。

四、理解欣赏式探询的原理

欣赏式探询和彼得·德鲁克的思想是一脉相承的。欣赏式探询的发明人大卫·库珀里德（David Cooperrider）教授根据彼得·德鲁克的思想，特别是使人的优势转化为生产力的观点，创造了欣赏式探询。欣赏式探询不仅是工具，也是流程，更是完整的方法论。欣赏式探询的核心理念是，通过专注于组织、团队或者个人已有的积极因素、优势和成功经验，重点关注"什么在起作用"，强调未来，而非过去，从而实现更大的改进和增长。

欣赏式探询是基于对话进行的。什么是对话？对话不仅是语言层面的，还是心灵的层面的，是心灵和想法的相遇。对话不仅仅是交换事实，还是承认它们，改变它们，重新建构它们。这种对话是鲜活的，是更加积极的，是面向未来的。在对话中可以得到启示和新的解决方案，所以伟大的对话可以改变事物的发展方向。

如何通过欣赏式探询展开对话？这里有两个核心词语。第一个词是欣赏，欣赏作为动词，其含义包括珍惜其价值，肯定过去与现在的优势、成功和潜力。这就是说，在跟周围人相处的时候，应具有欣赏的心态。什么是欣赏的心态？即能够更多地思考对方的优势是什么，可以从对方身上学到什么，积极的变革因素是什么，等等。第二个词是探询，其含义包括探索和发展的行为、积极地提问、对发现的可能性保持开放的态度等。

欣赏是心态，探询是手法，欣赏式探询认为未来是可以创造的，未来也很有可能是美好的，对未来充满了信心，主动探索如何通过开创性的方式创造美好的未来。这需要怎么做？非常重要的方法就是有效提问。在提问的时候有两种截然不同的思维方式，一种是基于优势来提问，另一种是基于问题来提问。

比如在团队绩效未达预期的情况下，大多数管理者基于传统的思考方式，一般是基于问题来提问。这种思维方式的特点是痛苦且缓慢，经常要求人们回顾过去的问题和症结，很少产生新的愿景，最后会导致团队声名狼藉或者鸡犬不宁。

欣赏式探询是围绕激发组织"积极的变革核心"设计的，有助于人们将工作重心从问题分析转变为"积极的变革核心"的分析。而后者是积极变革的推动力，始于对公司全体成员"积极的变革核心"的发现与审慎的分析，或称之为对成功根本原因的分析，在优势的基础上，探索未来，创造未来。

五、欣赏式探询的流程

欣赏式探询的5D循环（见图5-1），首先是定义（Define）

欣赏式探询，这是第一个 D，然后通过发现（Discover）、梦想（Dream）、设计（Design）和交付（Deliver）四个阶段来完成议题的讨论。

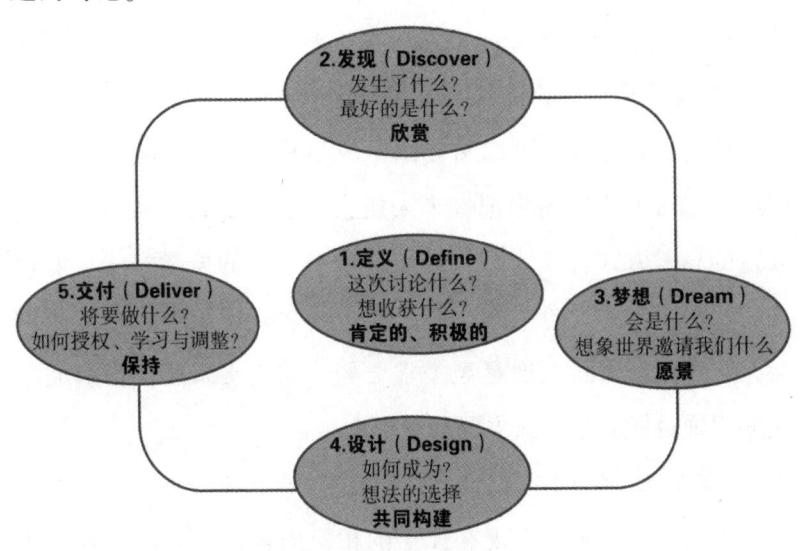

图 5-1　欣赏式探询的 5D 循环

（一）定义（Define）

确定讨论的主题。在日常管理实践中，讨论的主题往往是一个问题，如果以问题展开讨论，将很难激发团队"积极的变革核心"。所以，议题的选择是至关重要的。

比如团队经营状况很差，人心涣散，如果以问题为导向，那么讨论的主题可能是"如何解决团队人心涣散的问题并提升经营效益"。

如果用欣赏式探询确定讨论的主题，我们就应将负面的、消极的问题转换为正面的、积极的问题。可以引导大家讨论解决这个问题的目的是什么,比如说"保证团队成员今年年底不被公司淘汰"。这样一来,一个消极的问题就变成了一个中性的问题。接着,可以引导大家讨论做到什么程度就可以不被淘汰——经营指标和市场份额大概达到多少,人才发展要达到什么程度——最后引导大家确定讨论的主题。

通过这种方式,可以引导团队成员积极思考,从过去处理问题的思考方式转变为把握未来机会的思考方式,从防卫、怕失败的思考方式转变为积极进取、争取成功的思考方式。能否确定积极正向的讨论主题,对于能否成功开展欣赏式探询研讨会,能否促进团队发展是至关重要的。在定义阶段,希望大家能够明确目标,参与到主题的选择中。

(二)发现(Discover)

探索促使团队成为现在样子的积极因素:什么使团队生机盎然?团队的核心优势是什么?团队的核心资源是什么?

在发现阶段,需要鼓励团队成员正向思考,不断探询,找到团队成长的核心动力。发现的过程,也是激发团队的过程。在这个过程中,可以提升团队成员的士气和能量,为后续的探询打下基础。这个阶段的核心任务是用欣赏式面谈找到团队成功的原因,了解团队的主要特点。

(三)梦想(Dream)

基于团队的成功基因,想象团队可能成为什么样子,团队的梦想是什么,个人会成为什么样子,等等。

在这个阶段,需要鼓励大家思考团队未来可能的样子,不要设定太多条条框框，鼓励大家通过对话想象未来。梦想不是喊口号，也不是说大话，而是团队成员基于自身优势，通过相互对话，一起想象未来的样子。彼得·德鲁克也有类似的观点——未来不可预测，但可以创造。把握未来的最好方法，就是创造未来。

在这一阶段，团队全体成员的观点和见解将被整合起来，成为欣赏式探询塑造梦想必不可少的资源。每个人都能够享受团队的美好时刻，并分享他们期盼的未来。所以在梦想阶段，设想的梦想一定要有画面感，并且要有实现的可能。

（四）设计（Design）

如何才能把团队的优势发挥出来，实现团队的梦想？在设计阶段，团队伙伴需要尽可能找到实现梦想的方法、路径、关键点，更多地思考可能的做法，至少需要涵盖人员成长、组织文化、规章制度、流程等方面。

在此基础上，进一步思考哪些做法是有效的，哪些做法是风险较低的，哪些做法是比较容易实现的，这些可能的做法之间的关系是什么。在设计阶段，要厘清战略重点，将注意力转移到在现实中如何创造理想的组织方面，先搞清楚理想的组织需具备什么条件，再进行组织设计，并制定出具体方案，实现全新梦想。

（五）交付（Deliver）

经过团队成员深入、积极的对话，在明确团队成员的承诺、团队的目标、个人的目标和责任、团队成员相互之间的配合、个人要做出的改变后，一定要最大限度地赋予团队成员自己做决定的权利，也就是充分发挥团队成员的自主性。大家自己提出的目标，提出的做法，实现的可能性会更大。

欣赏式探询不仅是一套流程，更是一种思考方式。积极的力量更容易激发团队成员的创新能力并使其愿意做出承诺。可能大家会问，欣赏式探询是不是回避了问题？其实并不是。在定义阶段，经过对热点问题的剖析，已经把问题转化为积极的议题，这会使团队成员更愿意参与。

通过这种转换，团队成员在一种更加安全的环境中展开对话，以积极正向的思维想象未来，很多问题自然也就解决了。一些没有解决的问题，可能是先前的资源不足以解决这些问题，还有可能是这些问题不解决，团队的愿景也一样可以实现。真正重要的是，团队能否实现目标、能否实现愿景，团队成员能否成为自己想成为和社会需要成为的人。

第三节　促使团队快速发展的案例

到年中时，王总的公司完成的任务比年初定的目标差一点。外部市场竞争越来越激烈，由于业务需要，公司引进了一批经验丰富的骨干员工。对于完成全年任务，有些员工信心不足。这就需要找到一种管理手段增强团队成员的信心，帮助大家找到前进的方向。在这种情况下，引导式管理者会怎么做呢？

一、确定目标和设计流程

在研讨会开始前，王总对几个部门经理进行了访谈。考虑到上下级关系，这次访谈主要针对整个公司而不是针对某个部门或某个人。这次主要围绕整个团队最有战斗力的场景是什么，该场景对公司和社会的价值是什么，团队的核心优势是什么，为了让团队更好你对团队的三个希望是什么这四个问题展开。这次的访谈方式与以往是不一样的，以往都是以问题为导向，而这次是以优势为导向。这次访谈的主要目的是通过了解中高层管理者对公司的希望，提升公司的管理能力。

访谈结束后，王总对团队有了新的认识，看到了团队成员积极的一面，这些是他以前没有注意到的。作为领导者，他自己的信心也得到提升。

王总希望通过一次研讨会给大家提供一种积极正向的思考方式，让大家感受到积极的力量，并基于团队的优势去主动创造未来。王总希望通过这次研讨会，大家都能够被愿景驱动，自发地讨论多种解决方案，制订出可以衡量的行动计划，以确保公司全年目标能够实现。

这次研讨会大概需要两天时间，公司的高中基层管理者大约50人参会。

依据前期访谈结果，王总确定了这次研讨会的目的和体验目标。

研讨会的目的：找到团队的核心优势，明确团队的愿景，制定可衡量的目标和行动计划。

体验目标：感受团队的力量，使团队的凝聚力和创造力都得到提升；有愿景、有梦想；有创新的想法产生。

本次研讨会将以欣赏式探询的标准流程进行，同时需要使用深度对话、立场分析、世界咖啡、即兴戏剧、乐高等引导工具。

欣赏式探询研讨会分为五个阶段：

第一阶段是确定主题，大家一起讨论这次研讨会的主题是什么，大家想要讨论什么，研讨会的预计成果是什么。第二阶段是让大家发现团队的优势，主要通过团队的故事和深度会谈，总结出团队的优势是什么。第三阶段是让大家探索团队的未来是什么，大家共同畅想未来，想象愿景、制定目标。第四阶段是让大家去思考有多少条路径能够实现目标，让未来成为现实，并对每条路径的实现方案进行对比，选出最合适的。第五阶段是形成大家的行动方案，并确定衡量方式（见图5-2）。

因为团队成员对于欣赏式探询都比较陌生，所以在研讨会开始之前，王总计划用一个多小时的时间来和各位管理者分享彼得·德鲁克关于如何用人所长的一些基本理论和开展欣赏式探询的基本流程。

第五章 | 基于优势，激发改善

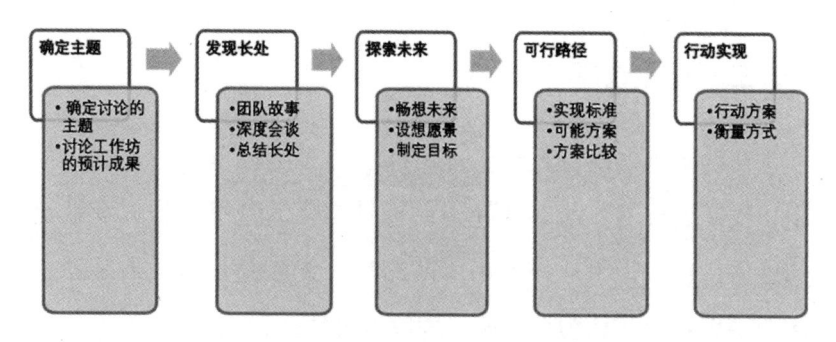

确定主题	发现长处	探索未来	可行路径	行动实现
・确定讨论的主题 ・讨论工作坊的预计成果	・团队故事 ・深度会谈 ・总结长处	・畅想未来 ・设想愿景 ・制定目标	・实现标准 ・可能方案 ・方案比较	・行动方案 ・衡量方式

图 5-2　欣赏式探询研讨会的五个阶段

二、研讨会的启动

根据研讨会的要求，选择一间空间比较大的会议室，把引导布提前贴好，并且把桌子按照岛屿状布置，一个部门坐在一个岛屿上，公司的高管分为一个组，重点讨论公司层面的议题。

研讨会一开场，王总首先明确了自己引导师的角色和每个人的角色。他和大家对本次研讨会的目的和参与规则达成了共识，又和大家分享了这次研讨会的流程。

接着，王总分享了在研讨会前期调研中他的感受：只要换一个视角，把对团队的质疑转变为欣赏，把对团队的否定转变为肯定，把对团队的指示转变为探询，就会转变对团队的认识，也会为团队取得的成绩和团队蕴含的力量感到骄傲。王总给大家分享了如何用人所长和欣赏式探询的整个流程。他把这部分介绍完之后，研讨会正式开始。

三、确定议题

在确定议题前,每位管理者都应先思考如下问题:这一年中,我在公司工作最有战斗力的场景是什么?我对公司和社会的价值是什么,由此体现出团队的核心优势是什么?为了让团队变得更好,我认为今天的议题应该是什么?

在每位管理者思考完后,给大家 30 分钟自由访问的时间,每个人至少要访问 5 个人,并将对方最后一个问题的答案记录下来。随着访问的进行,会场的能量场也在扩大,团队成员脸上也都露出了笑容。

大家回到自己的部门后,结合访问的内容和部门工作的实际情况,以部门为单位,思考哪些议题对于公司、团队和个人来说都是非常重要的。每个部门至少需要找到两个议题,并写在 A4 纸上贴到引导布上。每个部门派出两名代表,用团队共创的方式将这些议题分类。分类完成后,全体成员被随机分成六组,针对分类的结果,提出会议的议题。

议题必须是正向的,最好以"如何"开头。最终大家达成共识的议题是:"企业如何从单一产品供货商发展成构建智能家居生态的企业,并让每个人都得到发展和成长,年底的奖金大幅增长?"

议题确定后,以部门为单位进行进一步的深度思考:这个议题和本部门及每个人有何相关之处?对每个人的意义是什么?大家要把研讨的内容写到白纸上。

四、探索团队优势

议题确定后,各个小组开始讨论公司、部门、个人今年以来取得的成绩,成绩背后隐藏的团队优势,如何找到团队的优势,如何让团队成员在对话中找到团队真正"积极的变革核心"。

为了让大家展开真实的对话,王总要求每个人在 A5 纸上画出自己心目中最为投入、充满活力、深受鼓舞的工作场景。有管理者说不会画画,王总向他们展示了自己的画作,告诉大家这幅画的功能只是让大家把脑海中的场景可视化而已。

之后,两人一组,进行两轮访问。访问人需要针对被访问人的画进行探询,访问人需要提出以下问题:当时发生了什么?想要达到什么样的目标?遇到了什么样的挑战?团队做了什么事?团队取得了什么样的成绩?谁贡献了力量?你在这次经历中收获了什么?你认为团队的优势是什么?你认为团队的核心资源是什么?

被访问人回答完一个问题后,访问人在问下一个问题前要多问一句:"还有吗?"访问人需要将被访问人的答案写在被访问人的画的背面。团队的核心能力是指团队成员以什么样的工作方式来取得成绩。团队占有了什么样的核心资源才取得了成绩,比如特殊的实验器械、团队对一些市场渠道的覆盖等。

两轮访问结束后,把结果汇总到部门,再从部门的视角总结出团队的优势、核心资源,用关键词代替,分别写在两种不同颜色的纸上。之后，将所有小组总结的关键词汇总并分类摆放。由两位高管带头，全体人员分成两组，一组总结整个公司的核心优势，另一组总结整个公司的核心资源。总结完初稿后，两个小组的人交换，提出反馈意见，并把反馈意见写在引导布上。然后，两个小组的人重新回到原来的小组，发布定稿。

探讨完团队的优势后，每个部门伙伴的脸上都洋溢着笑容，他们表示，没想到自己的团队有这么多优势，有这么多独特的资源，团队的士气得到了极大鼓舞。

五、共创未来

在短暂休息后，全体成员被随机重新分成三组，每组分别设想十年后、五年后、三年后，公司、部门、个人分别会成为什么样子，公司的顾客是谁，公司给顾客提供的产品和服务有哪些，自己将成为一个什么样的人。

接着，每个小组都收到了一些乐高玩具、橡皮泥、扭扭棒、水彩笔，组员要使用这些工具把公司的未来呈现出来。在一段时间里，会议室里充满了欢声笑语，大家都在积极地建构未来。三个小组都把劳动成果展示在会议室，用世界咖啡的形式展开对话。每个到访的组员都可以提出自己对未来的想法，并用文字或者图画的方式添加到访问小组的讨论中。

在此过程中，作为访问者的组员不要删除或者改动原有的愿景，只需要添加相关内容即可。世界咖啡的最后一轮，组员都回到了原来的小组，每个小组重新建构愿景，然后进行第一轮发布。这时候，全体人员就现有的愿景逐一讨论是否可以实现。如果觉得有无法实现的，可以提出来并修改，然后进一步研讨十年后、五年后、三年后的样子之间的逻辑关系是否恰当。如果有不恰当的地方，怎样调整？调整完之后再一次发布。之后，每个小组的组长带领大家走到设想好的愿景前，接着思考此愿景和部门工作有什么联系。

经过多轮对话，大家合力建构出了大家想让团队成为的样子，也感受到了能量场的增强。经过这样的环节，团队成员基本明确了未来的发展方向。

六、发展路径

以小组或部门为单位思考：为了让团队成为大家想让其成为的样子，发挥出团队的优势，未来需要做什么？下半年需要做什么？

每个小组用团队共创的方式，先讨论未来需要做什么，再讨论下半年需要做什么。特别是要讨论为了完成下半年需要做的事情，需要哪些部门配合做哪些事，并把讨论结果写在不同的白纸上。按部门讨论完以后，部门之间、部门和公司管理层之间，使用画廊漫步的形式相互学习和激发。

七、行动实现

各部门在部门经理带领下，回顾了前面几个阶段讨论的内容，修订确认了全年的目标，并且明确了下半年的部门目标。在这个阶段，笔者代替王总承担了引导工作，希望王总能对各部门的目标进行确认和反馈，内容包括：各部门完成目标的里程碑事件是什么，每个月的目标是什么，如何衡量是否完成目标。

目标制定后，王总要求各部门思考为了实现本部门的目标需要从哪些部门以怎样的形式获得什么样的支持，本部门可以给其他部门提供什么支持。需要的支持写在蓝颜色的便利贴上，在便利贴的上方写明是给哪个部门的，落款写来自哪个部门，中间写需要什么样的支持。能提供给别的部门的支持写在红颜色的便利贴上，同样写明是给哪个部门的，写清楚能给其提供什么支持，落款写来自哪个部门。

然后采用世界咖啡的方式让大家对目标达成共识。该环节前面章节已详细阐述，此处不再赘述。

在目标和里程碑事件确认后，各部门都制订了详细的行动计划。之后，使用城镇会议的方式，公司管理层和各部门都做了汇报。

最后，王总站在公司的立场上对这次研讨会发表了自己的意见，他表示各部门的想法超出了他的预期，希望大家把自己承诺的事情做好，并承诺如果大家的目标完成了，奖金一定会大幅增长。作为引导者，他相信团队的力量，特别是大家积极正向的思考，使团队焕发了生机，大家设想了更加美好的未来，真正做到了将优势转化为生产力。

第五章｜基于优势，激发改善

第四节　促使团队快速发展的典型引导工具和方法

这次研讨会完全是按照欣赏式探询的逻辑进行的。首先，通过访谈的方式了解中高层管理者对公司的希望，使用团队共创的方式确定了研讨会的主题，之后通过探询和对话的方式发现了团队优势，并且通过团队共创、画廊漫步等方式使大家对团队优势达成共识。

之后，在设想未来的时候，用到了玩具，让大家通过视觉化的呈现，对未来有直观、感性的认识。在设计阶段，用团队共创、世界咖啡等方式让大家找到可行的路径，相互之间可能需要的配合。在交付阶段，使用团队共创、画廊漫步、对话、城镇会议等方式，帮助团队明确要做什么，并且用带有负责人和完成时间的表格来制订行动计划。

一、欣赏式探询遵循的原则和使用场合

欣赏式探询可以有效把团队的优势转化为效益。欣赏式探询秉承着精诚合作、共同发展的理念，用探询替代干预，用想象、创新、发现、梦想和设计取代否定、批评。所有组织都具

有未被发现的优势。如果是基于问题解决问题，团队将会经历非常痛苦的过程；如果是基于优势做组织擅长和想要做的事情，那么整个组织和个体的力量是完全不一样的。

欣赏式探询首先是一种欣赏的态度，相信大家是可以合作的、可以发展的，让大家一起去探询未来、创造未来，而不是人为地去干预团队，告诉团队应该怎么做。在大家积极设想未来的时候，变化就已经发生了，欣赏式探询将"积极的变革核心"直接与组织变革的历程相关联。

任何一场变革都是这样一个过程：梦想-相信-实现。欣赏式探询正是基于组织和个体的优势，让大家畅想未来。畅想未来的过程就是很自然的一个变革过程。畅想未来之后，设计可能到达未来的方案，当然设计方案也是一个变革过程，梦想是大家共同创造出来的，可能到达未来的方案也是大家共同创造出来的，所以让大家改变行动就是一件相对容易的事情。欣赏式探询的过程也是一个积极的变革过程。

(一) 欣赏式探询的原则

第一，建构的原则。欣赏式探询认为未来是可以创造、可以设想的。在欣赏式探询的每一个阶段，让参与者都进行高质量的对话，大家在对话中设想未来。

第二，同步的原则。有些人不太容易改变，有些人很容易改变，是否能够改变，很大程度上取决于人们的意愿，有意愿改变，变化也就随之产生了。参与者在参与的过程中、在积极的环境下被授予了自主决定的权利，改变会伴随着提问或者观点自然发生，所以是同步的。

第三，诗意的原则。未来是未知的，创造未来的手段是多元的。组织的故事是由组织成员共同创造的，大家在对话中交流彼此出色的表现能唤醒彼此心中的梦想和家国情怀。欣赏式探循的每一个环节都是从每一个人的视角出发去探询的，最后汇聚成团队的优势；对未来的设想同样汇聚了每个人的思考，最终大家对未来的成长方式达成共识。

第四，预见的原则。这个原则说的是愿景的力量。团队成员对未来的愿景会影响当前的行动。好的愿景会让大家把注意力集中在实现愿景的可能性上，不好的愿景会让大家停滞不前。

第五，积极的原则。越是积极的思考就越有可能获得积极的结果。管理的主要任务不是解决问题，而是把握机会，创造未来。消极的思考，会给团队和个人带来更多压力，只能让团队争取不犯错误；而积极思考给团队和个体带来的是信心和勇气，会鼓舞团队和个人去开创更好的未来。特别是在困难的时刻，是否有积极的思维，对扭转局面是非常重要的。

(二) 欣赏式探询使用的场合

欣赏式探询可以用在很多场合，它不仅是一种工作流程，更是一种生活方式，除了促进团队快速发展，还可以用于构建联盟和伙伴的关系、公司的文化建设、增强员工的执行力、提高员工的士气和生产效率等方面。其实，只要和目标、优势、人际关系相关，欣赏式探询都是一个非常有用的工具。

第六章

复盘反思，目标必达

PDCA循环大家都很熟悉，指的是计划、执行、检查、修正，如果没有复盘这个环节的话，检查和修正就很难做好，团队管理也会成为开环而不是闭环。复盘可以促使团队对目标及团队行为进行反思，从而适时调整战略、修订行动计划；复盘可以帮助团队达成目标、总结经验、提升团队能力。

第一节 复盘面对的挑战

在进行复盘总结时,管理者往往会遇到以下几种挑战。

一、复盘总结会流于形式

很多公司的复盘总结会是这样的,公司各位领导坐在主席台或者台下的专属席位上,各部门经理或者主管依次用 PPT 进行汇报。之后,领导一般会总结发言,内容往往是相对宏观的内容或者对大家汇报的肯定。这样的总结会对于后面的工作如何开展,其实并不会起到多大作用,所以复盘总结会经常流于形式。

二、报喜不报忧

各部门经理在会上向领导和同事汇报工作时,人性使然,难免会把自己的工作说得更好一些,花更多的时间去讲取得的成绩。成绩是重要的,成绩可以鼓舞人心,发挥优势也是重要的,但在发挥优势的同时,团队还需要反思,对影响目标实现的一些关键问题是否进行了深入分析,这对目标的实现同样重要。如果在汇报中只报喜不报忧,那大家自然会忽略反思,也就无法及时发现问题,从而影响目标实现。

三、只谈问题，不谈成绩

与上一种情况相反的是，有些团队在做复盘总结时，只谈问题，氛围紧张。领导会说这样一句话：大家时间有限，就来点儿干货，直接谈问题。如果是这样开始总结会的话，汇报者要当着所有人的面，包括领导、同事剖析自己的问题，这对汇报者来说是非常残酷的。如果一定要这样做的话，大家是不愿意说出真实情况的，只会避重就轻。如果让大家只谈问题，会使整个团队的氛围非常紧张，人人自危。没有安全的环境，就不可能得到真实的信息，在虚假信息的基础上进行复盘总结，效果可想而知。

四、找借口，找不到根本问题

复盘和做决策一样，关键是要找到根本问题所在。在复盘时，能否通过分析目标完成情况找到根本原因，是复盘有效性的关键。但在很多复盘会议中，大家只是单纯汇报，参会人员之间没有对话，更没有相关的工具和方法，找不到根本原因或者说根本就没有找，也有可能找到了但会议的氛围不适合说出来，只能找借口搪塞过去。

五、经验得不到总结

每个部门都只汇报本部门的工作，不关心也不重视别的部门做得好的方面，更别提学习了。当然，有的部门做得不好的方面也没有被总结成经验教训，其他部门以后照样犯同样的错误。大家只是急于寻找当前问题的解决方案，却不注意经验教训的总结。

六、口号喊得震天响，没有任何实际行动

很多部门经理在用PPT汇报工作的时候，最后一张PPT上往往是一些表决心的话，但实际具体要改进的方面并没有制订出计划。这样的话，复盘会结束后，没有人去跟进，大家还是会按照原来的方式行事。

面对以上挑战，很多公司的复盘会议流于形式，无法深入开展，也无法对完成全年目标起到有效、积极的促进作用。

第二节　有效复盘的关键

一、复盘的目的

复盘的主要目的是保证组织目标能够顺利实现，所以复盘是对组织目标的复盘，要围绕组织目标展开，不是什么总结反思会议都是复盘会。如果组织的目标不清楚，那最好先从制定目标开始。当然，对目标不清楚的反思，也可以用复盘的思路

进行。复盘在保证目标顺利实现的同时，还能够使组织知识得到积累。

如何通过复盘把个人经验转化为团队经验，是复盘过程中需要重点思考的问题。如何通过复盘，使团队成员之间相互交流、相互学习，进而提升整个团队的能力，也是复盘的关键。复盘复的往往是一件事，是目标，但是任何一件事都是人做的，所以需要做到事为先、人为重，从复盘中得来经验，通过复盘激发大家的士气，提升团队的能力。

二、复盘是针对目标的反思

很多企业和管理者把复盘的概念用得非常广泛，比如说某项工作完成了，想要总结一下经验和教训，就把这样的总结会称为复盘会，这可以算是广义上的复盘。而本书所说的复盘，是针对目标的复盘，这也是彼得·德鲁克管理思想的精髓，通过目标与自我控制来管理。

想要反思某件事，建议用问题分析与解决的流程或者经验萃取的流程。在复盘中需要更多地激发团队成员在实现目标过程中的自我反思，强调自我控制，而不是外部力量的控制。在复盘中总结哪些方面做得好哪些方面做得不好，其实质就是经验的萃取，然后深度剖析好为什么好，不好为什么不好，如此，才可能把做过的事萃取成组织以后可以重复利用的经验。

复盘的成果不是行动的方向，不是行动的口号，而是详细的行动步骤。复盘一定要以两件事结束，即确认下一个阶段的目标和含有负责人和完成时间的行动计划。如果这个项目结束了，需要明确哪些经验教训可以用在哪些项目上。如果项目还没有结束，一定要重新确认目标，甚至是调整目标，并确定之后的详细行动计划是什么，以及如何去实现。

复盘是针对目标的总结，是团队的自我反思，是组织经验的积累，也是对行动的改善。

三、区分复盘会议和其他会议

（一）复盘会不是问题分析与解决会

很多企业和团队在召开复盘会议的时候，经常会从问题是什么开始。一旦复盘会议从问题开始，成员参与度会大幅降低，大家心里的警戒线会大幅提升，这可能会使很多人不说话或者不说真话，导致一些重要的事情被大家忽视，根本原因也总结不出来。如果工作中出现了问题，你认为非常值得引起团队的重视，需要团队讨论，并引以为戒，那么可以直接开问题分析与解决会议，而不是复盘会议。

更为重要的是，参加复盘会议的人可能也不适合做问题分析与解决，复盘解决的问题往往比问题分析与解决的问题更大。如果重要的问题需要解决，可以在复盘的行动项中尽快安排合适的人选召开问题分析与解决会，并将结果汇报给相关人员。

（二）复盘会不是批评会

复盘会是针对团队如何实现目标的反思会。事情都是人做的，所以一定要考虑人的感受，不要在复盘会中说张三这不对李四那不对。复盘是对目标的总结，是团队行为，尽量不要具体到某一个人，更不要去批评某一个人。如果某人一些不好的行为产生了不良后果，可以针对其行为对目标的影响探讨如何改善。

（三）复盘会不是赞歌会

在复盘时只提成绩不提问题，大家你好我好氛围很好，也都很开心，但是却没有实现目标的方案和手段，结果只会导致目标无法实现。复盘需要正反两个方面的描述和分析。

（四）复盘会不是神仙会

什么叫神仙会？大家按照复盘的目标流程去做了，但在收尾阶段没有明确下一个阶段的目标，也没有制订出相应的改进计划，或者说制订的改进计划都是面子工程，没有完成时间和具体负责人，这样的复盘也不会有什么效果。

所以，复盘会不是问题解决会，不是批评会，不是赞歌会，更不是神仙会。复盘是针对既定目标的反思会，是群策群力促进目标实现的会议。

四、确立参与负责的环境

复盘的流程非常重要，但是想要保证复盘的效果，只遵循流程是远远不够的，还需要掌握复盘的心法，即"主动参与、实事求是、反思自我、愿意担责"16字箴言。把这16个字和复盘的流程结合起来，可以很好地促使复盘高质量完成。

(一) 主动参与

在复盘的时候，需要时刻关注团队成员的参与状态。在复盘会设计阶段就需要思考如何设计才能保证大家积极参与。

(二) 实事求是

团队成员是否实事求是将对复盘的结果产生直接影响。在不真实信息的基础上复盘得出的结论也是不真实的。要在团队成员参与的基础上，设计合适的流程、合适的对话问题，创造良好的氛围，让大家能够把真话讲出来。

(三) 反思自我

复盘能够发挥作用的关键是团队能否反思自我，积极主动地想办法挖掘团队的潜力。如何做到这一点呢？首先要保证团队对目标的完成情况有全面清楚的认识，目标完成情况本身就有力量。其次要使用合适的引导工具和流程，发挥引导者的作用，深入分析背后的原因，注意团队内因的引导，这样才能帮助团队自我反思。

(四) 愿意担责

复盘一定要有结果，结果就是大家达成共识的目标和行动，团队成员要愿意承担责任。如何才能让大家愿意承担责任？最关键的是要赋予团队成员自己做决定的权利。原因的找寻、经验的总结和行动计划，是团队成员自己提出来的，不是外部强加给他们的，不是领导要求的，大家愿意承担责任的概率就会高很多。同时，还要打造一种"比学赶帮超"的环境，在这种环境中，如果某个人不愿意承担责任，当他看到团队伙伴都主动承担责任时,他的意愿度也会大幅提高。

五、复盘的流程

复盘的流程有很多,下面给大家分享的是笔者在实际管理工作中和咨询引导中最常用的流程。

复盘可以分为五个阶段(见图6-1)。

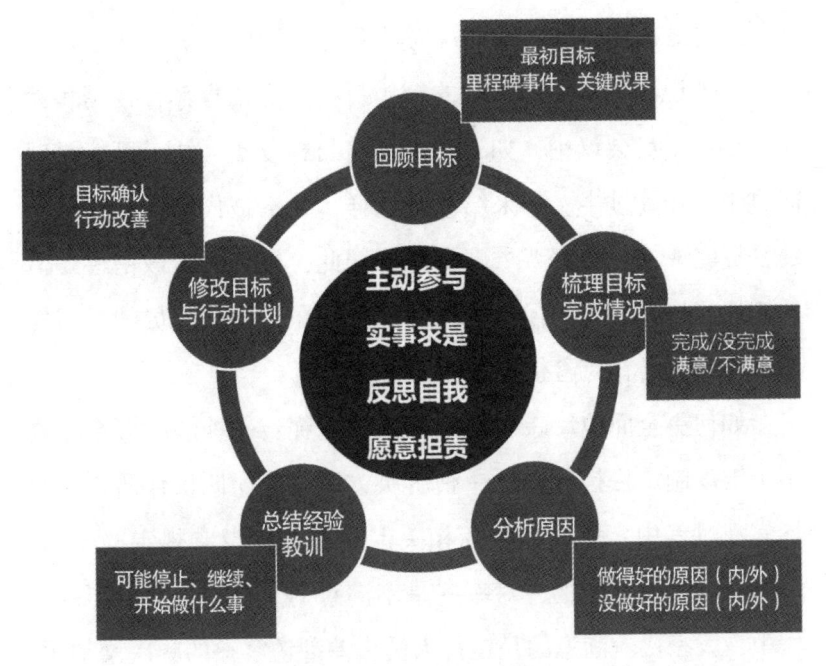

图 6-1 复盘的五个阶段

(一) 回顾目标

带领大家一起回顾当初的目标、关键成果、里程碑事件各是什么,做这个项目的初衷及目的是什么。回顾目标的过程,其实也是大家热身的过程。目标清楚以后,就有了这次复盘会议讨论的基础。

（二）梳理目标完成情况

将实际情况和目标进行比较：哪些完成了，哪些没完成。如果仅仅是对于任务的复盘，分析这些情况基本就可以了。但如果想在复盘的时候使团队得到成长，使组织得到发展，可以带着团队思考：在完成目标的这段时间里，团队展现出来的哪些行为是令人满意的，哪些行为是无法令人满意的。

比如说，很多销售团队的销售目标只有销售额，在销售团队的半年复盘会议中，如果只对销售目标复盘，结果可能是时间过半、任务过半。如果结果是这样，是不是代表该销售团队的目标完成情况很好呢？事实并非如此，很有可能该销售团队的销售目标完成了，但市场份额却下降了，团队成员的学习能力下降了，潜在风险很可能会到来。

如何更全面地反映目标的完成情况呢？一种解决方案是在多个维度制定目标；另外一种解决方案是让团队伙伴研讨在目标实现过程中，那些和目标相关但在目标中没有规定的事情，大家对哪些是满意的，对哪些是不满意的。比如在上半年的工作中，大家比较满意的是销售人员出差拜访客户的频次增加了，不满意的可能是很多销售员去拜访客户的时候没有做好相应的准备，还有跨区域销售时相互之间的配合不够好。

在半年或者全年复盘会议中，让团队成员对团队行为进行反思是至关重要的，没有对团队行为的反思，可能会错失很多关键信息，包括一些潜在风险和机会。让团队对团队行为进行反思，其实也是创造一种氛围，让团队成员不光要重视目标的达成，还要重视团队的行为、团队的文化。

这一环节在复盘中是非常重要的，让团队成员对目标的完成情况、团队的现状有清晰而全面的认识，是准确分析没有达成目标原因的基础，如果这一个环节没有做好，就会出现盲人摸象的情况。团队成员对目标完成情况达成共识，保证对事情的理解在一个平面上，也会让团队成员对行动的改进更有信心。

（三）分析原因

能否找到不达目标的根本原因，对于复盘的成败至关重要。如果根本原因找错了，后面的总结和行动改善将会毫无意义。

实现目标的原因是什么？没实现目标的原因是什么？或者说为什么有些目标实现了，有些目标没有实现？为什么令人满意的行为能够产生？为什么令人不满的行为也产生了？通过分析原因，可以找到最根本的原因是什么。这一环节必须深入。对于实现或没有实现目标的原因，需要区分团队内部的原因和团队外部的原因，团队内部的原因大多是可以控制的，而团队外部的原因大多是无法控制的。

在对实现目标的原因进行分析的时候，需要着重分析团队外部的原因，在对没有实现目标的原因进行分析的时候，需要着重分析团队内部的原因。为什么要这样做呢？因为人们往往很自然地把做得好的原因归结于自己，把做得不好的原因归结于外部环境，所以在研讨的时候要注意引导。

有利的外部因素，需要思考是不是可以重复利用，可以在哪些地方重复利用，因为扩大胜利成果往往比改正问题更容易、成本更低、风险更小。没有达成目标要多分析团队内部的原因，是因为团队成员本身是可控的，可以更快采取行动，通过自己主动改变来改善目标完成情况。

比如，如果把达成销售目标的原因归结于销售团队很能干、很努力，团队成员之间配合很好，个人销售能力提升很快；把没有达成销售目标的原因归结于公司价格体系不合理、外部市场环境差、客户不配合等，那么团队就无法制订有效的改善计划，有的只是相互之间的抱怨。因为这些外部因素团队无法控制，而且其他团队也是面对同样的外部环境。

再比如，一个销售团队的销售目标完成了，一个非常重要的原因是和一个高质量客户建立了合作关系。那么应该接着深入思考为什么能拿下这个客户，可能是公司新推出的产品方案刚好和客户的要求相匹配，也可能是国家对该行业的政策有变化，促使客户选择了公司的产品。如此，在总结阶段就可以引导团队思考如何利用好行业政策，如何复制这次成功。

没有达成目标的原因，有可能是跨区域之间的销售没有配合好，给了竞争对手机会。为什么跨区域之间的销售没有配合好呢？可能最根本的原因是没有一套协调机制，奖金分配也没有体现。那么在总结阶段，就可以有针对性地解决这一问题。在深入分析团队内部和外部原因对团队目标达成的影响时，要综合两个方面的原因，才能找到根本原因。

（四）总结经验教训

从目标出发，厘清现状，并且找到影响目标完成的根本原因之后，可以暂停一下，总结经验教训，而不是直接进入行动环节。

总结经验教训阶段是前面三个阶段的进一步深化，可以先看看有没有什么经验可以用于以后的工作。什么是经验？经验是"用实践得来的知识或技能，人的亲身经历"。在总结经验的时候要注意，你认为的经验未必是经验，到底是不是经验，需要通过结果来验证。所以在找到经验的时候，一定要明确这个经验是假设的，可以按这个经验采取行动，但是必须通过结果来验证其有效性。

在总结经验的时候，经常会用到三个很重要的问题：为了更好地实现目标可能要停止做什么事？继续做什么事？开始做什么事？

首先思考的是可能要停止做的事，这是非常有彼得·德鲁克思想特点的问题。彼得·德鲁克在多部书中阐述过类似的观点，要想聚焦，要想取得成果，第一件事是要放弃，只有放弃了才能聚焦。但很多组织在复盘的时候，很少思考不做什么事。组织的资源和人力都是有限的，如果没有取舍，最终要做的事情也做不好。

接下来需要思考的不是要开始做什么事，而是要继续做什么事。对组织目标有帮助的事情，接着做就好。如果通过停止做一些事情，继续做一些事情，目标就可以实现了，这是相对风险最低、收益最大的解决方案。如果这样做还是无法达成目标，那就需要思考要开始做什么事情来促进目标实现了。

先考虑停止做什么事，再考虑继续做什么事，最后才是需要开始做什么事。为什么要最后考虑开始做什么事？其实不管做什么，对于组织来讲，可能都会带有风险，也都会占用组织的资源，耗费团队成员的精力。但相较而言，重新开始做某些事付出的资源和人力成本是最大的。

在这里，大家讨论的都是可能的做法，不是一定要做的。一定要做的事情要在复盘的最后阶段列到行动计划中。通过对上述三个问题的分析，可以帮助团队深入分析现状，然后在此基础上总结出对今后工作有意义的经验或者教训，如果实在没有，也可以进入下一个阶段。

如果是对已经结束的项目或任务进行复盘，比如项目的总结会议，到这个阶段，复盘研讨会就可以结束了。如果是年度工作复盘会议，到这个阶段可以考虑结束，但也可以是规划未来的开始。

（五）修改目标与行动计划

如果是对正在进行的项目或者任务进行复盘，如项目中期复盘、月度复盘等，需要和团队成员再次确认目标。经验教训总结完以后，可以邀请团队伙伴回顾复盘的整个过程，对下一个阶段的目标需不需要修改达成共识。如果需要修改，如何改？对目标达成共识后，还要针对目标制订行动计划。行动计划一定不是口号，而是带有负责人、完成结果、完成时间的计划。

回顾原定目标、梳理目标完成情况、分析原因、总结经验、修改目标与行动计划是带领团队复盘的基本步骤。

第三节　有效复盘的案例

第三季度结束了，王总公司的各项工作进展顺利，全年目标大概完成了70%。王总想召开一次复盘研讨会，看看能否在保证完成全年目标的基础上做得更好。以前开总结会都是大家准备好PPT轮流汇报，王总发现效果不是很好，想换一种方式，让团队成员更加深刻地自我反思，有更积极的态度，并迸发有创意的想法。

一、确定目标与设计流程

王总还是请小李作为引导师。小李首先对王总进行访谈，了解了王总的想法。王总对这次研讨会的想法是这样的，他希望以每个部门为单位，在分管副总和部门经理的带领下，用一天时间对各部门前三个季度的工作做一次梳理总结和复盘，并且制订出最后一个季度的工作计划。他希望全年目标不要降低，大家能够相互促进。

对王总访谈完，小李又对几个部门经理和主管做了访谈，大多数部门还是有信心完成全年目标的，但销售部对质量部的配合表达了不满，还有几个部门提及公司的奖金机制不太合理，目标完成与否和收入多少关系不大。为此，小李又去和王总做了沟通，特别是关于目标和奖金挂钩的问题。王总说在目标分解研讨会时已经做了调整，今年大家的收入构成中贡献度的占比将更大，他在研讨会开始的时候会和大家再次明确。

于是，小李确定了研讨会的目标并设计了流程。研讨会大概需要一天时间，公司高中基层管理者大约50人参加会议。

这次研讨会的目标是：制订达成全年目标的行动计划，每个部门要确定绩效衡量的方式。

希望这次研讨会结束的时候大家能够一起反思，坦诚交流。

体验目标：坦诚交流，实事求是；相互配合，相互协同；务实，有效；营造安全的对话环境，让大家都能够参与进来。

按照复盘标准流程，在目标确认阶段需要增加目标对齐的环节，在实施行动计划前要安排一个环节让大家和王总展开对话，这需要使用团队共创、鱼骨图、世界咖啡、画廊漫步等引导工具。

二、研讨会的启动

根据研讨会的要求，选择一间有较多墙面的会议室，提前张贴引导布，并且把桌子布置成岛屿状，一个部门坐在一个岛屿上。公司高管被安排在研讨会最后面，以方便他们自由

"流动"。

研讨会一开场，小李首先明确他的角色是引导师，负责带领大家研讨，达到研讨会的目标，同时明确了大家各自的角色。首先，他就本次研讨会的目标和参与规则与大家达成了共识；然后和大家分享了这次研讨会的流程，在大家认可的情况下，开始了研讨会。分管副总需要参与相关部门的讨论，王总可以随意在任何一个部门逗留，并且可以发表意见。

小李邀请王总就大家提出的热点问题谈谈他的看法。王总希望全体成员一起努力完成全年目标，并且告诉大家，目标分解研讨会中提出的绩效奖金会向愿意提出高目标并能实现高目标的人倾斜，一定会鼓励对公司贡献度高的人。

三、回顾目标

小李带领大家进入了复盘的第一阶段，即回顾每个部门的目标。每个小组把年初的部门目标写在白纸上，目标需要涵盖当初的目标、里程碑事件、完成的时间节点这几项内容。

这几项内容在小组内部达成共识后，每个小组要和自己的主管领导确认，如有不一致要和主管领导达成共识。

四、梳理目标完成情况

明确工作目标之后，每个小组要根据实际情况和目标进行对比，看一看哪些目标达成了，哪些目标没有达成。先思考达成的目标，再思考未达成的目标。

对于目标完成情况,每个小组可以使用矩阵分析图来思考(见图6-2)。横轴代表时间节点,根据里程碑事件和原定的目标计划,可以分为时间节点到和时间节点未到。纵轴代表是否达成目标。根据原来制定的年度目标,在第三个季度结束的时候,已经达成了哪些目标,哪些目标还没有达成,哪些是时间节点到了已经达成了,哪些是节点到了还没有达成,哪些是时间节点未到就已经达成了,哪些是时间节点未到还没有达成,大家针对目标完成情况,逐一把相关情况列在相应的象限中。这样,每个部门对目标的完成情况就有了清晰全面的认识。

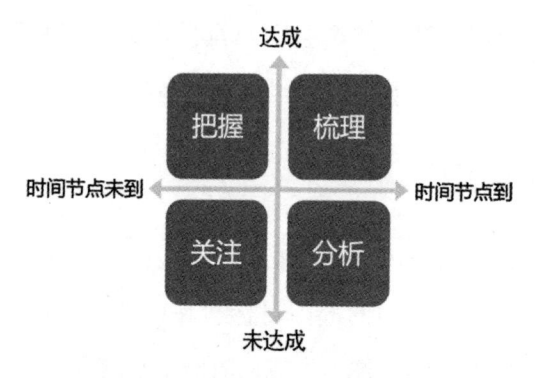

图6-2 目标完成情况矩阵分析图

除了目标完成情况,团队的行为方式也很重要,需要大家反思团队在实现目标的过程中,哪些行为是令人满意的,哪些行为是不太令人满意的。

这个时候,作为引导师需要引导大家思考行为层面的问题,而不是态度层面的问题,大家要尽可能具体地描述而不是用模糊的语言。比如拜访客户的频次、团队是如何合作的等,而不是说不认真、不积极等模糊的关于态度层面的判断。

为了让大家能够把真实的想法表达出来，研讨会使用了深度对话的方式，要求每一位成员谈谈自己对团队行为的看法，对哪些行为是满意的，对哪些行为是不满意的。大家先把满意和不满意的点分别写在不同颜色的便利贴上，每张便利贴上只写一点。之后，部门全体成员围成一圈，轮流分享自己觉得满意的和不满意的团队行为，其他人需认真倾听。

第一轮分享结束后开始第二轮。第二轮时，大家可以相互发问或者提不同的意见，但每次只能一个人发言。第三轮，大家要对团队比较满意的行为达成共识，并且记录在白纸上。同样，大家也要对团队不太满意的行为达成共识。

当大家对团队满意和不满意的行为都达成共识后，部门成员要进一步思考哪些满意的和不满意的行为对团队完成目标是非常关键的，对以后工作的提升是有意义的，并将这些内容在引导布上标示出来。

五、分析原因

接下来小李带着大家分析了团队目标达成或未达成的原因是什么。

由于这次研讨会是对前三个季度工作的复盘，有比较充分的时间，可以采用团队共创的方式，把完成目标或没有完成目标的团队内外部的原因分别进行分析。首先要分析团队能完成目标的内部原因是什么，为什么令人满意的行为会产生。

引导式管理：目标导向的自我管理新范式

采用团队共创的方式，向大家阐明书写便利贴的规则是什么，并让大家把自己的想法写在便利贴上，每个人至少写5张，一张便利贴上只写一个观点。通过两次分类排列，找到团队达成目标的内部原因是什么，然后团队成员用同样的方式讨论团队达成目标的外部原因和内部原因分别是什么，没达成目标的内部原因和外部原因分别是什么。当四个维度的问题全部讨论完后，用不同颜色的便利贴表示出来。

接下来，每组成员画两棵树，一棵是达成目标之树，一棵是未达成目标之树，将之前写有不同原因的、不同颜色的便利贴，按照属性分别贴在树根、树干、树冠等位置。通过这种方式，每个部门都能看到达成目标或者没有达成目标的根本原因是什么。

复盘到这一阶段为止，所有的讨论和对话都发生在部门内。想要让部门之间相互讨论、相互学习，创造出"比学赶帮超"的氛围，并且相互对根本原因的找寻有所启发，可采用世界咖啡的方式。

世界咖啡首先要进行部门会议，每个部门回顾总结前三个阶段的讨论，并且把引导布整理好，保证来访的其他部门成员能一眼看清楚。然后进行三轮互访，这样每个部门的成员都有机会向三个不同的部门学习，而部门经理则担任咖啡馆的主人，听取到访的其他部门同事的反馈。

三轮互访的问题一样，回顾到访部门复盘的过程，从自己的视角对到访部门复盘内容进行反馈：对到访部门的建议是什么？对自己部门复盘讨论有帮助、有启发的点是什么？每一位成员都要拿红绿两种颜色的便利贴，红颜色便利贴上写给到访部门的反馈，绿颜色便利贴上写自己部门的复盘可以借鉴的优点。

三轮互访完成后，大家各自回到自己的部门，由部门经理跟大家分享其他部门的人对本部门的复盘建议，每一位外出访问的成员分享在其他部门看到的事实，然后重新反思调整复盘的过程。

最后，每个部门都用鱼骨图的形式，真实呈现本部门达成目标和没有达成目标的原因。鱼骨图的上半部分整理达成目标的原因，鱼骨图的下半部分整理没有达成目标的原因，越是根本原因越靠近鱼头。通过完整呈现，小组要整理出达成目标的根本原因和没有达成目标的根本原因。

六、总结经验

经过前面的讨论，特别是通过对达成目标或未达成目标的根本原因的分析，发现了什么经验教训可以帮助组织达成全年目标？

在最后一个季度，大家可能要停止做什么事、继续做什么事、开始做什么事，才能够帮助部门实现目标？大家要用三种不同颜色的便利贴共创出可能要停止做的、继续做的和开始做的事情。之后，部门成员接着分析哪些做法对于团队更加有效也更容易做。

建议大家使用"有效容易"矩阵分析图（见图6-3），先从可能要停止做的事情开始讨论，一件事写在一张便利贴上，贴在大家达成共识的象限的某个位置——越难做的事在第一象限越靠近左下。然后用同样的方法为可能要停止做的事、继续做的事、开始做的事找到相对位置。建议把"有效容易"矩阵分析图做大一些，这样大家会有更直观、更全面的认识。贴在第二象限上侧的便利贴上写的是容易有效的事情，也是我们在以后的工作中要优先选择的部分。

接下来大家可以一起思考，在以后的工作中哪些工作经验值得推广，哪些教训要防止再次发生，什么规律可以指导以后的决策。

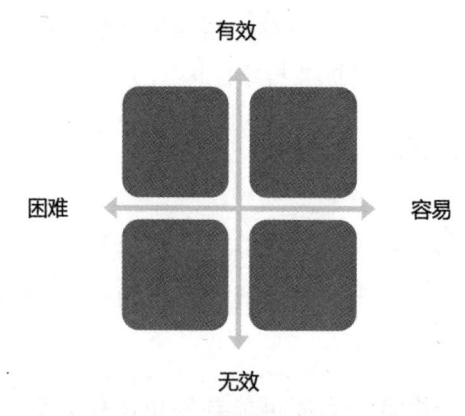

图6-3 "有效容易"矩阵分析图

七、目标与行动计划

经过一整天的讨论，大家对前三个季度的工作有了清晰的认识，可以决定对于全年的目标要不要修改，如果修改应该改成什么样子。如果需要修改年度目标，一定要得到分管领导和公司领导的认可和支持。

第四季度的目标是什么？部门之间的目标如何协同？为了让各部门在最后一个季度互相配合，引导者要让各部门思考：为了实现本部门的目标，需要从哪些部门以何种形式获得什么样的支持，本部门可以给其他部门提供什么支持。这一环节可以采用世界咖啡的方式进行。

最后，每个部门根据世界咖啡得出的结论，制订第四季度行动计划。行动计划由目标和里程碑事件、任务的分解、资源配置流程和制度、可能的预案等构成。

八、总结与呈现

复盘的结果最终用城镇会议的方式来呈现，相关分管领导也要给出反馈。

经过一天复盘，各部门都对前三个季度的工作进行了梳理和分析，并且制定了第四季度的工作目标，并得到了上级的认同，而且目标在制定阶段就和相关部门实现了协同。王总对这次研讨会的结果很满意。

第四节　复盘典型引导工具的应用

在复盘研讨会中，用到了哪些引导工具和流程？在回顾目标阶段，用到了书写记录和讨论；在梳理目标完成情况阶段，用到了矩阵分析、深度对话；在原因分析阶段，用到了团队共创、图形化呈现、鱼骨图、世界咖啡等；在总结经验阶段，用到了团队共创、矩阵分析等；在目标和行动阶段，用了计划表、画廊漫步、城镇会议等。在这次研讨会中，我们使用了两个新的引导工具，一个是矩阵分析，另一个是视觉化呈现。

一、矩阵分析的应用

矩阵分析是一种引导参与者从多个视角全面分析问题的工具。矩阵分析有很多种，比如 SWOT（企业战略分析法）、PEST（宏观环境分析法）、机会和风险分析、收益和投入分析等，矩阵分析可广泛应用于决策、战略思考、总结反思等阶段。

（一）矩阵分析的引导原则

第一，选择合适的维度。

第二，注意找到相对位置。

第三，矩阵构建完成后，要有引导反思的环节。

（二）矩阵分析的引导流程

第一，确定讨论的议题，对矩阵的维度达成共识。

第二，共创相关内容。

第三，反思看到了什么？最有意义的是什么？

第四，对收获和行动计划达成共识。

二、图形化呈现的应用

图形化呈现是通过图形化帮助参与者构建信息的逻辑框架，建立直接的感性认识，加深对事物的理解。常用的图形有树、房屋、飞机、汽车等，也可以自由建构图形。

（一）图形化呈现的引导原则

第一，选择合适的图形或者让参与者构建图形。

第二，图形漂亮不代表有效。

第三，图形构建完成后，要有引导反思的环节。

（二）图形化呈现的引导流程

第一，建构图形。

第二，反思看到了什么？最有意义的是什么？

第三，对收获和行动计划达成共识。

第七章

成为引导式管理者

在一个组织里,是不是管理者,不是只看有没有下属,在不在管理岗位,而要看其工作对组织的结果有没有实质性的影响,是否愿意承担责任,是否能够做出贡献。作为一个管理者需要思考的三个核心词语是成果、贡献、责任。

第一节　何谓引导式管理者

一、责任和贡献定义了管理者

彼得·德鲁克在《卓有成效的管理者》一书中，对管理者是这样定义的："在一个现代组织里，如果一个知识工作者能够凭借自己的职位和知识，对该组织负有贡献的责任，能实质性地影响该组织的经营能力及达成的成果，那么他就是一位管理者。"

彼得·德鲁克对管理者一词用的不是我们传统意义上的 manager，而是 executive。彼得·德鲁克为什么不用 manager 而用 executive 呢？因为 executive 侧重战略规划，而 manager 侧重管理和监督。随着知识社会的到来，知识工作者已经成为工作的主体。想要有效管理知识工作者，不能用传统的管控体力工作者的方式，需要从新的视角去看待管理。

彼得·德鲁克认为，在当今社会，管理者应该有两类人，一类是担任管理岗位的人，已经有了下属承接一部分工作，通过下属来达成组织目标；还有一类就是知识工作者，他们虽然没有下属，但是他们的绩效好坏会直接影响组织绩效，有时候他们对组织绩效的影响远超其上司对组织绩效的影响。从这个角度看，知识工作者不论职位高低，都是管理者。

因此，在一个组织里，是不是管理者，不是只看有没有下属，在不在管理岗位，而要看其工作对组织的结果有没有实质性的影响，是否愿意承担责任，是否能够做出贡献。作为一个管理者需要思考的三个核心词语是成果、贡献、责任。

二、谁是引导式管理者？

引导式管理者就是掌握和践行引导理念和工具，带领或者帮助团队制定并实现目标的人。引导式管理者与传统管理者的区别是：引导式管理者需要具备引导理念，掌握一些引导工具和方法，并且遵循引导的价值观。引导式管理者不会去改变团队成员的行为，而是通过跟团队成员对目标达成共识，让团队成员自己找到改变的方法。引导式管理者需要创造一种环境和氛围，为团队成员的改变提供相应的资源，让团队成员的改变更加容易。

（一）创造对话是核心方法

引导式管理者使用的核心方法就是创造对话，使大家达成共识。那么，什么是对话呢？交换想法的谈话就是对话。

管理者在日常管理工作中需要开非常多的会议，可能是一对多的，也可能是一对一的，但在这些会议中能产生真实对话的很少。对话不是在会议中通过自己的讲解去说服大家，或者通过宣贯迫使大家执行命令，而是通过倾听对方的想法、理解对方的诉求，通过交换想法使大家达成共识。

引导式管理者相信个人、组织、世界都可以随着对话发生改变，所以更多的是考虑如何创造一种对话的氛围。

(二) 通过共识获取权力

引导式管理者需要在每一个阶段都和团队成员达成共识。很多团队成员认为共识是相同的价值观。相同的价值观、相同的想法当然是共识，但是我们在实际的日常管理工作中，很难要求每一位团队成员都和组织的价值观或者管理者的价值观相同。

也有人说共识就是同意。在管理工作中，一项管理举措特别是关于变革的管理举措，很难让全体成员一致同意，而且即便大家口头一致同意了，后面也可能无法完全照此执行。所以，在带领团队时，没有必要过分强调让团队成员同意，没有必要过分强调价值观的统一。那要强调什么呢？强调和他人达成共识。

共识就是大家对某一项决议可以接受并且能够支持。共识的核心词语有两个，一个是接受，一个是支持，并不强调价值观的统一，也不强调大家一定要同意这件事，这就是君子和而不同。团队成员在讨论某个议题的时候，可能由于不同的生活背景，不同的信息来源，不同的立场，并不一定认同，甚至在价值观上还有一些小冲突，但是大家对决策是可以接受的，这是达成共识的第一步。

然而，光接受还不够，在这个决策下，组织需要团队成员去做的事情，团队成员可以按照大家共同的决定去行动、去执行，如果达到这一步，共识也就达成了。作为引导式管理者，要时刻去检查整个团队在行进过程中是否达成了共识。

有些时候，团队成员之间或团队成员和组织之间意见不同，这个时候就需要达成共识。随着对话的进行，每个人都可能发生改变。在决策阶段，整个团队能否达成共识至关重要。在没有达成共识之前，不要盲目制订行动计划，要思考团队可以达成的共识是什么，团队成员目前不能接受和不能产生行动背后的原因是什么。要把这些问题的答案找到，排除障碍，使团队成员达成共识，这样组织才能够前进。

三、引导使管理者的五项工作更容易

关于如何取得成果，彼得·德鲁克告诉我们，管理者需要通过五项工作来完成各项管理任务。第一项是设定目标，第二项是组织模式，第三项是激励与沟通，第四项是衡量绩效，第五项是发展人才，包括自己。引导式管理在这五项工作中都能发挥它巨大的作用和价值。

（一）设定目标

在设定目标阶段，引导式管理会将传统管理模式中的管理者给团队设定目标变成团队成员自发设定目标，并且将作为协议的共识变成可以行动的共识。引导式管理能够激发团队成员发挥自己的聪明才智，所有的想法都是团队成员自己提出来的，这样设定出来的目标也更容易达成。

（二）组织模式

采用什么样的组织模式，并不是由组织本身决定的，而是由目标决定的。目标制定出来后，如果能够通过引导式管理，让团队成员思考什么样的组织模式最有利于团队实现目标，谁最适合做这部分工作，并把所有的权力给组织成员，那么最优

的组织模式或最适合组织的组织模式就会自然而然地产生。如果团队成员对组织模式没有概念，也可以给大家讲解概念，然后由团队成员通过研讨找到合适的组织模式。

（三）激励与沟通

引导式管理需要管理者具备良好的沟通能力，所以要想成为引导式管理者，必须提升沟通技能，这样才能跟员工更有效地沟通。在引导式管理中，员工提出来的很多想法和做法，都得到了组织的尊重，并且得到组织给予的相应权力和配套资源，这个过程本身就是对员工最大的激励。

（四）衡量绩效

引导式管理的很多工具，会让衡量绩效的工作变得相对容易。通过引导的方式，团队成员可以获得衡量绩效的信息和方法，通过绩效的衡量，促进绩效提升。

（五）发展人才，包括自己

与传统管理方式相比，引导式管理并不只是管理方式发生改变，更为重要的是团队成员的成长和管理者自己的成长，包括世界观和价值观的改变。引导式管理不仅可以更容易地凝结团队成员的智慧，提升他们的能力，还可以促使管理者的管理能力自然而然得到提升。

四、引导式管理者在团队中的角色

（一）引领者

引导式管理者是团队的引领者，需要帮助团队明确发展方向，并且在整个过程中成为团队成员的主心骨，起到对团队的引领作用。

（二）组织者

引导式管理者是团队的组织者，需要帮助团队厘清什么样的组织形式、什么人来做最有利于达成目标，并且在这个过程中时刻注意团队的实施情况，如果有必要还要调整组织形式。

（三）激发者

引导式管理者是团队的激发者，需要使用一些管理方法和引导工具，听取团队成员的想法，让团队成员参与到整个决策过程中，并且赋予团队成员自行选择实现目标方式的权力，从而激发团队。

（四）检查者

引导式管理者也是检查者。引导式管理不代表对结果不负责，不代表整个过程放弃检查。引导式管理和工作检查并不冲突，并且检查质量的高低直接决定管理效果的好坏。对于团队来说，引导式管理者需要通过带领团队复盘的方式，检查整个团队的目标完成情况，并且在这个过程中引起大家的反思。对于个人来讲，引导式管理者也需要检查个人的目标完成情况，并通过反馈、指导等方式帮助个人更好地完成目标。

（五）反思者

引导式管理者，也是团队的反思者，要带领团队不断反思目标是否完成，做得好的方面有哪些，如何做得更好；做得不好的方面有哪些，不好在哪儿，如何在今后改正。除了带领团队进行反思，引导式管理者也需要时刻反思自己的管理行为，反思自己的管理方式是否能够帮助团队完成目标。

（六）支持者

引导式管理者是团队的支持者。引导式管理者相信团队成员，并赋予他们自主实现目标的权力；在团队成员遇到困难的时候，引导式管理者要帮助团队成员解决困难，支持团队成员完成目标。

为什么引导式管理者有这么多角色？因为这些角色都可以帮助管理者带领团队达成目标。彼得·德鲁克也说，管理者的职责就是"让明星带来票房，让演员按剧本演出"。引导式管理者通过不同角色的转换，让团队中能力强的成员能够给组织带来绩效，让其他成员能够根据自己岗位职责的要求保质保量完成工作。

第二节 引导式管理者的核心胜任力模型

为了发挥不同角色的作用，引导式管理者需要具备一定的胜任力。

我们来看一下引导式管理者的核心胜任力模型（见图7-

1)，处于中心位置的是引导式管理者应具备的品质，即真实、积极、诚信。管理是为目标服务的，所以在整个管理工作中，引导式管理者是否具有目标制定与达成的胜任力至关重要。如果引导式管理者能够制定目标，又该如何帮助团队成员达成目标呢？这就需要掌握引导工具和流程设计的能力，即根据团队的现状，根据团队每一位伙伴的特点，根据团队需要做的事情，灵活运用各种引导工具设计出一整套流程。目标确定了，流程也设计好了，但是大家是否能够参与其中，还要看引导式管理者是否具有良好的人际沟通能力。

图 7-1 引导式管理者的核心胜任力模型

一、管理者真实、积极、诚信

引导式管理者需要通过对话使团队成员对公司目标达成共识，如果大家没有对话，没有达成共识，管理就无从做起。因此，真实、积极、诚信是引导式管理者必须具备的品质。

引导式管理：目标导向的自我管理新范式

(一) 引导式管理者首先要是真实的

引导式管理者需要获得信任才能带领大家达成目标，如果不能获取大家的信任，就不可能带领大家前行。那么，引导式管理者该如何获得大家的信任呢？获得大家信任的前提是要成为一个真实的人。

真实的人不是完美的人，纵使引导式管理者有很多缺点，甚至可能一些缺点在别人看来是不可容忍的，但是由于团队成员了解他就是这样一个人，并且理解他所说的所做的是真实的，认为他的出发点是善意的、没有道德问题的，那么他也是可以获得团队成员信任的。引导式管理者获得大家的信任之后，团队成员才更愿意或者更有可能跟随其前行。

管理者真实地表达自己的想法更容易获得团队成员的理解，也更容易与其达成共识。很多情况下，管理者的想法可能跟下属的想法不一样，甚至管理者自己也有想不清楚的时候。这个时候，真实地表达自己的想法，甚至展示自己做不到的一面，反而能获得团队成员的信任。

笔者在做一个咨询项目的时候，发现这样一位管理者。他是公司的董事长，他在研讨会刚开场就和团队成员说了自己对公司未来发展方向的想法，但他自己也只有一些模糊的概念，并没有清晰的规划，想要在研讨会中和团队成员一起明确公司未来的发展方向。这位董事长真实地表达了他的想法，并且展示了他无能为力的一面。其实董事长这样说，丝毫没有影响他在团队成员心目中的地位，反而巩固了他的地位，大家会觉得董事长是一个真实可信的人。这次研讨会进展得非常顺利,团队成员展开了真实有效的对话。

管理者需要接受不同的观点。如果一位管理者是真实的,那么他会希望自己的团队也是一个真实的团队。团队成员是否会表达各自不同的观点,是衡量一个团队真实与否的标准之一。作为一名引导式管理者,不会把不同观点当成团队成员对自己的不支持,反而会在对话中接受不同观点,并与不同观点达成共识。

真实的管理者需要自我控制,满足团队对管理的要求。真实的管理者知道自己是不完美的,在这种情况下,如何适应这份工作,如何带领团队前行就显得非常重要。知道并接纳自己的不完美,并且愿意承担责任,引导式管理者会更容易自我控制,也更容易满足团队对管理者的要求。

管理者的真实是以承担团队的管理责任为前提的。虽然很多观点是团队成员提出来的,并且大家也达成了共识,但是作为引导式管理者,不会将此当成推卸管理责任的借口,最终要承担对管理的责任,要对结果负责。

(二) 引导式管理者需要有积极的心态

引导式管理者要对未来保持好奇心,并具有成长性思维,不把过去的成功当作永远的成功,因为成功也好失败也好,都有有效期。

引导式管理者即使在最困难的时候,也要相信团队是可以成长和发展的,也要找到积极的因素,坚定地带领团队前进,促进团队成长和发展。

引导式管理者要用积极的心态凝聚团队的力量,在团队内部营造积极向上的氛围。积极的心态,不光体现在管理团队上,还体现在对待自己的职业上。在面对职业发展中的挫折、不确定的时候,要保持积极的心态,持续学习管理和引导的相关知识,提升自己引导式管理的能力。

积极的心态,也意味着要相信团队的智慧,尊重每一个个体。作为引导式管理者,要发自内心地相信团队成员的智慧,而不是把自己的想法强加于团队成员,不要想当然地认为自己的职位高,能力就一定比团队成员强。只有做到了相信团队成员、尊重团队成员,才有可能凝结团队的智慧,释放团队的潜能。

有积极心态的管理者,会通过自己在团队中的真实行为,创造大家可以参与的良好环境,构建积极向上的组织文化。

引导式管理者需要是真实的,但真实不代表想做什么就做什么,想说什么就说什么。因为作为管理者,不管你从事什么管理工作,都需要承担管理的责任。为了承担起这份责任,为了让团队取得成果,引导式管理者会根据团队成员的不同情况,组织发展的不同阶段,灵活选择适合组织和团队成员发展的管理方式。

(三)引导式管理者需要诚信

彼得·德鲁克说,诚信本身对于管理者是没有什么意义的,但是管理者失去诚信,其自身将变得没有意义,诚信也是管理者要具备的基本品质。

引导式管理者要做到言行一致,即按说的做,按做的说,说出来的话就一定要做到。如果管理者做不到言行一致,就无法和团队建立信任,员工的参与也将无从谈起。

引导式管理者要信守承诺。在研讨会或者平时工作中,对于大家达成共识的事情,管理者需要按照大家的共识来实施管理。如果做不到这一点,即便短时间内没有影响,在后续的工作中也将失去团队成员的信任和支持。

引导式管理者要争取成为一个完整的、内外统一的人。每一个人的外在行为都是其内心想法的体现。如果你是一个完整的人,或者你是一个内外统一的人,你的想法、你说出来的话、你最后做的事情应该是完整统一的。完整的内外统一是一个很高的人生境界。引导式管理者要发自内心地认同引导的理念,承担管理的责任,并把自己的认知通过自己的说法和做法统一起来。如果一名引导式管理者能够做到负责任地内外统一,那他本身将成为管理工作中最大的可利用资源,其团队成员可能会单纯因为他的个人魅力跟随他。

引导式管理者要诚信,而诚信这个词是有明确的道德观和价值观的。因此,引导式管理者需要坚守道德的底线。引导式管理者需要思考要做的事情,对自己所在的组织、对整个社会是否有益,并且努力做正确的事。引导的很多方法、工具、流程可以帮助引导式管理者找到正确的事。

引导式管理者要依靠真实、积极、诚信、信任,以及与团队的共识来进行管理，而不是只靠职位的权力来管理。管理者当然可以通过职权来实施管理，但是这样的管理往往是没有创造性的，并且团队成员的接受度也相对较低。引导式管理者需要时常反思自己管理的行为和状态，保证自己和团队成员都得到成长。

二、目标制定与达成

作为引导式管理者，管理的核心是目标，所以应该制定清晰的团队目标，并且将团队目标分解到各级部门，分解到每一个人。在实现目标的过程中，引导式管理者通过各种引导方法和引导流程的使用，调整自己的状态，帮助团队实现目标。为此，引导式管理者需要做到以下几项。

（一）制定清晰的团队目标，以目标为导向

引导式管理者需要掌握战略思考、目标制定、目标分解等一整套清晰的方法论和流程，以帮助团队进行战略思考，系统地制定团队目标，并完成战略目标的分解，使所有人的工作都以目标为导向。

（二）打造对结果负责的组织文化

如果只是制定目标不管结果，那么即使团队成员对目标达成共识，也不能保证目标能够达成。如何才能保证达成目标呢？这就需要打造一种对结果负责的组织文化，团队中每一位成员都要全力以赴。如果做到了这一点，目标无法实现的概率将会大幅度降低。引导式管理者需要从日常工作的细节入手，通过创建对结果负责的组织文化，来影响团队成员的态度，进而使其产生行动上的改变。

（三）全力支持团队达成目标，帮助团队排除障碍

作为引导式管理者，需要掌握相关的方法和技能，在团队实现目标的过程中，永远以一个支持者的身份参与其中。团队在实现目标的过程中必然会遇到一些障碍，作为引导式管理者，要相信团队、支持团队，并帮助团队扫除障碍，降低团队达成目标的难度。

团队在达成目标的过程中遇到的障碍通常有以下三种：第一种是管理者给下属造成的，比如过多过细的指令、没有倾听下属的想法等；第二种是团队成员存在认知误区，比如没有意识到这项任务的意义或没有达成目标的方法；第三种是团队之外的障碍，比如外部的市场环境、公司的制度和流程等。

对于第一种障碍，管理者需要用开放的心态听取大家的想法，通过自我控制及调整来排除障碍。对于第二种障碍，管理者需要和团队成员一起，采用研讨会或者团队教练的方式展开对话，直面障碍，找到扫除障碍的方法。对于第三种障碍，需要团队成员找出根本障碍，和相关人员沟通解决，如果解决不了，团队需要制定备选方案。

三、引导工具和流程设计

引导式管理者需要掌握各种引导工具，设计完整的流程来帮助团队确定目标，实现目标，并获得成长。为此，引导式管理者需要做到以下几点。

引导式管理：目标导向的自我管理新范式

（一）掌握常用的引导工具

引导式管理者需要掌握团队共创、世界咖啡、画廊漫步、鱼缸会议、投票、矩阵讨论、深度对话等引导工具来创造对话环境，激发团队成员讨论的热情。

（二）根据实际业务场景设计合适的流程

引导式管理者要熟练运用引导式管理流程，比如复盘、战略目标制定、目标分解等，并且能够根据具体业务场景，灵活设计合适的流程，以适应业务的发展。

（三）打造开放、安全的环境

引导式管理者要通过物理场域的打造，比如研讨会会场的布置，营造积极温暖的氛围。引导式管理者要通过选择合适的工具，设计合适的流程，提出合适的问题，打造开放的、安全的对话环境，使参与者最大限度地参与到讨论中。

（四）认可和识别团队冲突，将冲突转化为机遇

在传统管理模式中，很多管理者不希望团队成员之间产生冲突，特别是团队成员跟管理者之间产生冲突。但是在引导式管理者看来，冲突是不可避免的，冲突是团队成员对某个问题的一种态度，甚至可以说是一种积极的信号。正确认识团队发生的冲突，并采用合适的干预方式，可以将冲突转化为机遇。

（五）识别团队成员的情绪状态，激活团队

传统的管控型管理者希望团队成员能情绪高昂地开展工作，而引导式管理者会接受团队成员的情绪是有高有低的。引导式管理者应识别团队的情绪状态，在团队情绪低落的时候，采用

合适的引导方式,帮助其排忧解难,使其重拾信心;在团队成员士气高昂的时候,帮助其更好地识别机会和风险,设定更高的目标,取得更大的进步。

(六)激发创新,达成绩效目标

引导式管理者通过各种引导方法的使用,能激发团队成员的创造力,促进团队成员积极创新,使其达成预期的绩效目标。

四、具备良好的人际沟通能力

引导式管理者需要具备良好的人际沟通能力。在团队中,如果团队成员之间不能好好合作,很多管理者会认为是沟通出现了问题,虽然沟通技巧的提升可以改善这一状况,但是不能解决根本问题。想要解决大家不合作的问题,需要反思一下双方的关系怎么样,大家是否建立了良好的工作人际关系。

什么叫良好的工作人际关系?就是为了工作结果的达成,双方可以不太计较个人利益得失而着眼于目标的达成。彼得·德鲁克告诉我们,任何一名管理者都需要着眼于贡献。比如,下午大家都需要加班,但是一位团队成员晚上已经安排好了和家人的聚会,在这个时候,作为管理者的你会做什么?如果这时你和他讨论又能参加聚会又能达成工作成果的解决方案,那就是着眼于贡献。

以对方的成功作为自己工作的出发点,着眼于贡献,自然而然人际关系就好了。人际关系好了,自然就产生了良好的协作。所以,人际沟通的能力也是引导式管理者的核心胜任力。

那么,引导式管理者怎么做才能具备这一能力呢?

(一)聚焦贡献,建立良好的人际关系

引导式管理者应着眼于团队成员对工作的贡献,时常问自己这样一个问题:为了让对方取得成功,我能做什么?我想要取得成功需要对方做什么?

(二)践行积极倾听和同理倾听

作为一个引导式管理者,应具有非常强的倾听能力。引导式管理不应通过权力控制下属的行为,而应通过对话跟大家达成共识。达成共识的第一步是积极倾听或者同理倾听,倾听对方想要什么,这样才可以找到与之沟通的方式。

(三)掌握多种提问方式

引导式管理者的管理主要是通过倾听和发问来完成的。彼得·德鲁克曾说,作为一个卓有成效的管理者,他工作的重点不是找到正确的答案,而是提出正确的问题。作为一个引导式管理者,对未来的设想,主要是通过提出高质量的问题,与团队成员展开对话得来的。为此,引导式管理者需要掌握多种提问方式,比如限制型提问、启示型提问等。

(四)掌握创造对话的方法

引导式管理者想要大家通过对话产生可供行动的共识,必须先通过引导方法的使用,使团队成员之间能够互相倾听,践行 Yes-And 法则,展开高质量的对话。

第三节 有效沟通与积极反馈

如何开展有效沟通？彼得·德鲁克是这样讲的，促成沟通的是倾听者，发起谈话的人只是沟通的发起者，没有倾听者就无法沟通。所以，在沟通的时候，重要的不是你说了什么，而是倾听者听到了什么。如何让倾听者听到你想让他听到的话呢？那就需要了解倾听者的期待，使用倾听者的语言。

如何使用倾听者的语言呢？首先要倾听对方说了什么，在此基础上，通过确认听到的内容或者提出高质量的问题，确定有效讨论的步骤和方法，在适当的时候，需要通过反馈、提问等方式干预。

一、提升倾听能力

作为一个引导式管理者，在和团队成员沟通的时候，需要关注的不是自己表达了什么，而是倾听团队成员表达了什么，而且要根据倾听者的经历调整自己的说话方式，了解倾听者的期待，并用好这份期待。引导式管理者在带领团队时，需要积极倾听。

听的繁体字是"聽"（见图7-2），首先有"耳朵"，表示通过耳朵去听，耳朵里面是个"王"，表示要像对待王一样对待说话的人。右上部是一个"十"字和一个倒着的"目"，表示眼睛要时刻看着对方，右下方是"一"和"心"，表示要用自己的心去感受。

聽

图7-2　"听"的繁体字

听的繁体字，已经告诉了我们一些倾听技巧。这个字里没有"口"字，说明在听的时候，重点不应该放在我想表达什么上，而应带着自己的心、眼睛去关注对方，像对待王一样对待对方，全身心去倾听对方表达了什么，用了什么样的方式，真正的诉求是什么。倾听有四种形态，即竞争性倾听、被动倾听、积极倾听和同理倾听。

（一）避免竞争性倾听

所谓竞争性倾听，就是在倾听的时候更多地关注谁对谁错，而没有关注对方说了什么。你如果在和别人沟通的时候陷入竞争性倾听，那还不如不听。陷入竞争性倾听，可能会毁掉双方的对话，甚至对已经建立的合作关系和日常管理产生不良影响。

（二）防止被动倾听

所谓被动倾听，就是看上去在倾听，实际上什么也没有听进去。看上去在倾听，事实上根本不管对方说什么，轮到自己发言的时候，还是会说自己想说的内容。无论对方说什么，自己都有个"但是"在等着。被动倾听是无法促成沟通的，因为沟通的双方都生活在自己的世界里，各说各的，各听各的。

作为引导式管理者，需要不断反思自己倾听时的状态是怎样的，有没有陷入竞争性倾听或者被动倾听。如果陷入竞争性倾听，不但无法顺利和对方沟通，而且可能会激发自己的情绪，由于自己已经有答案了，所以会看对方的反应符不符合这个答案，符合就认为是对的，不符合就试图去说服。如果陷入被动倾听，对方也会感受到你不走心。

作为一个引导式管理者，要不断反思和提醒自己不要陷入这两种不良倾听状态。同时，在带领团队的过程中，需要清楚自己的团队成员是什么样的倾听状态，是否陷入这两种倾听状态中，如果需要使用不同的管理方法应尽快调整。

（三）积极倾听

什么是积极倾听？首先是专注，在听的时候，要全身心关注对方，这非常困难，但可以一步一步慢慢来，仔细倾听对方说了什么，并尝试去理解。对方说得对也好，不对也好，自己想听也好，不想听也好，进入跟随状态，理解对方说话的整个逻辑框架，并在此基础上践行 Yes-And 法则，根据自己的理解，添加自己的想法。最后做总结，确认双方到底讨论了什么，这就是积极倾听。

作为引导式管理者，在与团队成员沟通的时候，一定要做到积极倾听。只有积极倾听，才有可能了解大家的需要，并使用大家听得懂的语言与大家讨论，进而达成共识。

（四）力求同理倾听

从倾听的深度来讲，比积极倾听更深入的是同理倾听。想要理解同理倾听，首先需要理解什么是同理心。很多人对同理心的理解是换位思考，其实这样的理解是不全面的。同理心不光需要在逻辑层面上换位思考，更重要的是要在感受层面上感受对方说这段话的感受是什么。所以，同理心更多的是感同身受，而不是仅仅听对方说什么。想要不加评判地接受对方的观点，感受对方的感受，并进行连接，第一步就是同理倾听。

同理倾听是接受，却不一定要同意，即接收到了这些信息，但不一定同意对方所讲的观点。通常情况下，当人们接收到一些信息后，可能会对一些事情感到好奇，可能会急于发表自己的观点。但同理倾听不是这样，同理倾听是和对方一起倾听，感受对方说话时的状态、情绪，理解对方遵循的信念、底层逻辑，然后提出可行的解决方案。

作为一个引导式管理者，相信不同的观点是很有价值的，只有如此，才能接受不同的观点，进而降低决策风险。如何进行同理倾听呢？首先是调整自己的状态，抛开自己的假设和批判，更多地感受对方现在最大的痛苦是什么，最想获得什么。

在此基础上，尽可能使用对方可以接受或者可以理解的语言，抓住对方的痛点，提出对方可以满足的点，一起创造未来。同理倾听对于一个引导式管理者是非常重要的，但也是非常难做到的。

引导式管理者必要做到积极倾听，然后不断练习同理倾听的能力。同理倾听在处理团队冲突、提升个人绩效方面是非常有用的。

总体来说，作为一个引导式管理者，要想提升倾听能力需要注意以下五点。

第一，要用一种多元的心态去看待世界，要相信每个人的话都是有价值的，不要通过唯一视角陷入对错之争。

第二，要不加批判地接受多元的观点，理解对方说了什么，来龙去脉是怎样的，在这个过程中感受对方说话的状态是怎样的。

第三，感受自己当下的状态是怎样的，自己的情绪是怎样的，反复确认自己是否进入了倾听状态。

第四，区分事实和假设。比如有人说："设备已经停止运行超过一个小时了，王工为什么还没有来修？"事实是设备停止运行超过一个小时，王工没有来修理，其他人也没有来修理；假设是设备停止运行了需要修理，而且需要王工来修。在事实的基础上，理解对方的假设，然后展开对话。

第五，尝试连接，可以将自己听到的、看到反馈给对方让对方确认。

二、正确发问

第一，引导式管理者需要掌握多种发问方式。因为通过发问可以全面收集了解某件事所需的信息。盲人摸象的故事时至今日仍在各种组织不断上演，就是因为每个人都认为自己看到的、听到的是事实并以此做决策，但是由于每个人的视角不同、在组织中的位置不同，得到的也只能是片面的信息。

通过发问，团队成员包括管理者自己可以通过不同的视角来看待某件事，这样就可以获得更加全面的信息。彼得·德鲁克曾说，决策始于观点而非事实。所以，引导式管理者需要通过发问促使大家从不同视角提出观点，并接纳这些观点，只有这些不同观点的组合，才有可能还原事实的真相。

第二，引导式管理者需要通过发问建立参与者决策的框架。作为引导式管理者，为了激发大家的讨论热情，使团队达成共识，一般情况下是不参与具体内容讨论的。那么，引导式管理者如何和自己的团队一起做出正确的决策呢？这就需要通过使用决策的框架来降低决策风险。

比如，在阶段目标完成以后或者正在进行的一个项目需要进行复盘总结，很多团队的复盘会议是这样召开的：团队领导发现很多问题，于是召集团队伙伴开会，讨论如何解决这些问题。如果这样做，可能带来的结果是，根本问题没有解决，只改善了表面现象，同时使团队氛围变得很紧张，更不利于问题解决。

但是，如果引导式管理者掌握一些引导技能，在框架指导下发问，就可以帮助团队找到根本问题，营造良好的工作氛围。怎么在框架指导下发问呢？引导式管理者首先会问团队当初定的目标是什么，接着会问目标完成情况怎样（哪些部分完成了，哪些部分没有完成），这个时候所有参与决策的成员都能得到全面信息。

当大家获得相对全面的信息之后，引导式管理者会接着问，达成目标和未达成目标的原因分别是什么。当大家把原因分析清楚，总结出根本原因，再制定下一个阶段的目标和达成目标的行动计划。通过这样的方式，大家的决策质量会大幅度提升。

第三，引导式管理者通过发问设计大家参与的环节。在讨论的时候，如果管理者只表达自己的观点会破坏大家参与的环境，导致团队成员不愿意表达自己的观点。通过发问收集不同的信息，让团队成员能够表达他们的想法，给予团队成员表达想法的权利，就是最好的参与过程。

第四，通过发问转换参与者的视角。在复盘会议中分析目标完成与否原因的环节，很多团队分析出来的做得好的方面都是内部原因，做得不好的方面都是外部原因。如果这样归因的话，复盘会议就失去了应有的意义。引导式管理者在遇到这样的情况时，可以引导大家做得好的方面多分析团队外部的原因,做得不好的方面多分析团队内部的原因,并且告诉大家为什么要这样做,通过这种方式可以转换大家思考的角度。

笔者经常会遇到这样的例子,某个公司经营状况不好,团队士气低落,邀请笔者去做问题分析与解决的研讨会。在笔者和发起人确定需求和方案的时候,往往会建议选择一个积极的视角进行。

大家可以试想一下,在团队士气非常低落的时候,如果请一个外部引导师花大量时间谈团队的问题,不但很难激发团队的士气,而且会使团队的士气更加低落,甚至有人会因为这样的氛围选择辞职。只聚焦问题,会让局势变得更加复杂,团队士气更加低落。

如果通过发问转换大家的视角,让大家分析一下做得好的方面是什么,哪些好的经验可以用在后面的工作中,团队的梦想是什么,团队想成为什么样子,现实与梦想的差距是什么……通过积极的思考方式,可以帮助团队参与者转化视角。

所以,能否提出高质量的问题,对于一个引导式管理者至关重要。彼得·德鲁克也说过类似的话,作为一个管理者,重要的不是找到正确的答案,而是提出正确的问题,正确的提问可以导向正确的行动。

三、HRFC 的发问思考方式

关于引导式管理者如何正确提问,笔者根据 ORID(焦点呈现法），结合自己的管理和引导实践，开创了 HRFC（Happened, Reacting, Finding, Changing）模型。HRFC 能够有效帮助引导式管理者正确提问，而且 HRFC 是管理者和引导者基础的思考方式。

在 HRFC 模型中，H 代表发生了什么；R 代表对于发生这样一件事情，反应是什么；F 代表反应意味着什么，这件事情为什么会发生，背后可能的解决方案是什么；C 代表最终的收获是什么，决定是什么，行动是什么（见图 7-3）。

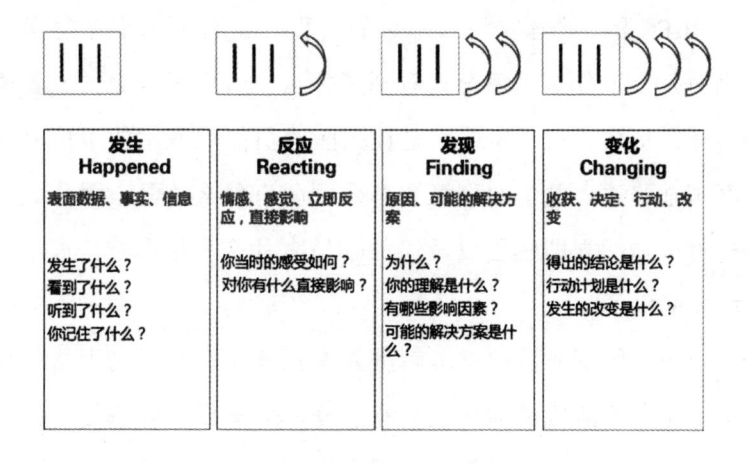

发生 Happened	反应 Reacting	发现 Finding	变化 Changing
表面数据、事实、信息	情感、感觉、立即反应，直接影响	原因、可能的解决方案	收获、决定、行动、改变
发生了什么？ 看到了什么？ 听到了什么？ 你记住了什么？	你当时的感受如何？ 对你有什么直接影响？	为什么？ 你的理解是什么？ 有哪些影响因素？ 可能的解决方案是什么？	得出的结论是什么？ 行动计划是什么？ 发生的改变是什么？

图 7-3　HRFC 模型

为了便于理解，我们举一个简单的例子。你在一个小巷子里看到了一条狗，这是 H 层面发生了什么；立即的反应是你非常害怕，这是 R 层面；为什么非常害怕，因为你脑海中联想到了小时候被狗咬的经历，这就是 F 层面；所以你立即跑开，这就是 C 层面。但也有另外一种可能性，那就是当你看到一条狗的时候，你立即的反应是觉得这条狗很可爱，因为你发现这条狗长得跟你养的狗有几分相似，所以产生上前去摸狗的行动。

通过这样一个例子可以看出，对于发生的事情，由于每个人或者团队的感受不一样，对个人或团队的影响也不一样，会导致个人或团队的行进方向不一样。即便大家感受差不多，立即的反应也一样，如果归因的方向不同，寻找到的根本原因也不一样，最后产生的行动也是不一样的。

HRFC是一个逐步深入思考的过程，在H层面更多思考的是当时发生了什么，每个人看到了什么、听到了什么，或者说当下还能记住什么。H层面是让团队成员能对发生的事情有相对客观地描述。发生的事情和整个团队有什么关联，团队成员对这件事情的立即感受以及这件事情有什么直接影响，这就是R层面的事了。

接下来团队成员的思考就进入F层面了：当时的事情为什么会发生，团队成员为什么会有这样的立即反应和感受，为什么会对组织产生这样的影响，根本原因是什么，可能的解决方案是什么。把这些问题都想清楚了，团队成员知道发生了什么，也知道了自己对组织的影响，并且探寻到背后可能的原因和可能的方案，在这种情况下，团队自然而然就走入了C的层面。HRFC可以很好地帮助管理者相对系统、相对全面地去思考遇到的问题。

对于引导式管理者来讲，他们遇到的大多数问题往往在C

层面，也就是变化层面。比如，团队遇到了一个非常棘手的生产问题——产品的合格率在下降。作为一个管理者，该如何提升产品的合格率？如果直接讨论如何解决问题，问题往往是无法得到解决的，都找不到背后的深层次原因谈何解决。

作为引导式管理者，首先应从发生的层面问一些问题，比如这次产品合格率到底下降了多少，现在的产品合格率是多少，和上年同期相比产品合格率有怎样的变化，跟产品合格率相关的部门有哪些，大家都做了哪些工作，等等。这些问题可以供参与讨论的人员研讨。

通过对产生的问题展开讨论，尽可能汇集事实真相的全部信息。了解所有信息之后，需要从 R 层面来提问，如对于产生的问题组织或者团队成员的立即反应是什么，造成的直接后果是什么，目前的产品合格率对整个项目的影响有多大。

就算产品合格率下降了，如果对整个项目影响不大，也可以不做决策，先等一等，再看一看。如果产品合格率下降对整个项目影响很大，就要立即做出反应，讨论对项目的影响、对个人的影响是怎样的。

接下来就可以问 F 层面的问题了，即产生这些问题背后的原因是什么，比如从人员、机器、原料、方法、环境、测量这些维度讨论可能的原因。当找到根本原因以后，不要急着去解决问题，而是要帮助团队成员思考可能的解决方案。

当团队成员讨论完可能的解决方案之后，可以再问 C 层面的问题。最终得出结论、目标、行动计划分别是什么，以及如何去做，需要管理者提供什么支持。HRFC 的思考方式，可以帮助管理者设计合适的问题。

如何应用 HRFC 模型设计合适的问题？有以下几条建议。

第一，作为引导式管理者，要从发生什么开始提问，不管遇到什么情况，大家在做决定之前，都需要对发生的情况有全面的理解，切记不要让盲人摸象的情况再次上演。

第二，遵循 HRFC 的顺序，层层深入，可以使用 HRFC 模型来指导。

第三，一次只问一个对方可以回答的问题。有些管理者喜欢像机枪扫射一样把多个层面的问题一起提出来，这样势必会让大家感到混乱。所以，在提出问题的时候，最好一次只提一个问题。

第四，在提问之后，管理者应保持安静和对对方的关注。当管理者提出问题时，有的问题大家可以立即回答，有的问题大家会陷入沉默，但沉默不代表没有反应，这时不要马上更换问题，因为有可能大家只是进入了深度思考的状态，所以要给对方一定的时间和空间。如果说对方实在回答不出来，可以再调整问题。

四、清晰下达行动指令

作为引导式管理者，要能够清晰下达行动指令。引导式管理者要带领大家讨论，就需要清晰地告诉大家如何讨论、如何思考。

引导式管理者下达的指令，不是要求参与者做什么从而实现目标，而是要求参与者通过做什么样的研讨或者思考更好地制定目标。

引导式管理者如何清晰地下达指令？这涵盖三个关键点：第一，做这件事情的目的是什么？第二，为了达到这个目的，大家需要经历什么？第三，需要花费的时间是多长？

比如，在复盘研讨会上，需要让大家在复盘开始的时候，回顾当初制定的目标是什么。作为一个引导式管理者会这样下达行动指令：大家用10分钟时间回顾一下当初制定的目标是什么，有任何不清楚的地方可以提出来，然后把当初制定的目标写在引导布上。这样一段话涵盖了三部分，做这件事情的目的是什么、过程如何、用时多长。

五、积极有效的反馈

作为引导式管理者，还要具有一项非常重要的技能，那就是给参与者反馈。为什么反馈对于引导式管理者来说非常重要？因为作为一个引导式管理者，需要通过和团队成员达成共识来实现目标，而不是使用职位的权力，这就需要通过反馈的方式让团队成员了解决策需要的所有信息，从而对需要采取的行动达成共识。

（一）作为引导式管理者，在以下几种情况下需要积极有效的反馈

第一，在研讨会目标制定阶段要通过反馈来确认研讨会的

目的是什么、目标是什么。通过这种方式可以和发起人或者团队成员确认研讨会的目标。

第二,在研讨会或项目推进阶段,需要通过反馈的方式进行有效干预。如果团队成员的行为发生了偏离,并且已经影响目标达成,需要通过反馈进行有效干预。比如在研讨会进程中,团队成员的行为让研讨的方向发生偏离,特别是这种偏离已经严重影响整个研讨会的结果时,引导式管理者就需要去干预。最常用的干预方法不是要求大家去做什么,而是通过反馈的方式描述自己看到的、听到的,并且征询大家的意见,最终对修正的行动方案达成共识。

第三,项目或者研讨会结束后,需要通过反馈来总结整个项目和讨论,并明确后续的计划。比如,在研讨会结束的时候可以通过这些问题进行反馈:在整个研讨中,大家经历了什么?大家讨论了什么?根据会议目标,达成了什么样的共识?作为一个引导者,看到了什么?还有哪些事项没有完成?对于未完成的事项,后续需要什么样的跟进措施?

(二) 有效反馈四步法

第一步,描述自己看到的、听到的。

第二步,表达自己的担心或者是自己的感受,同时感受对方的感受。

第三步,征询信息接收者的想法,双方探讨可能的方案。

第四步,双方确定可以修正的方案,并且对可行的方案达成共识。

引导式管理者可以遵循这样四步进行有效反馈。

比如，在研讨会进行中，有两位伙伴相互指责，言辞非常激烈，甚至已经严重影响整个研讨会，这时引导式管理者就需要进行干预。引导式管理者会说看到了他们两个人在进行什么样的研讨，并且注意到双方并没有听对方讲话。管理者可以表达自己的担心，因为进入这样的谈话方式后双方很难达成共识，并且可能进入竞争性倾听的状态，影响二人的关系，所以希望双方讨论一下可能的解决方案和能够达成的共识。在日常的管理工作中，也可以使用类似的方式对团队和个体进行反馈。

第四节 双钻石思考模型

引导式管理者需要在任何时候都尽可能促成高质量的研讨。比如研讨会上与个人的对话、与领导的对话。

一、发散-震荡-收敛的钻石模型

什么是高质量的研讨？高质量的研讨需要符合发散-震荡-收敛的钻石模型（见图7-4）。

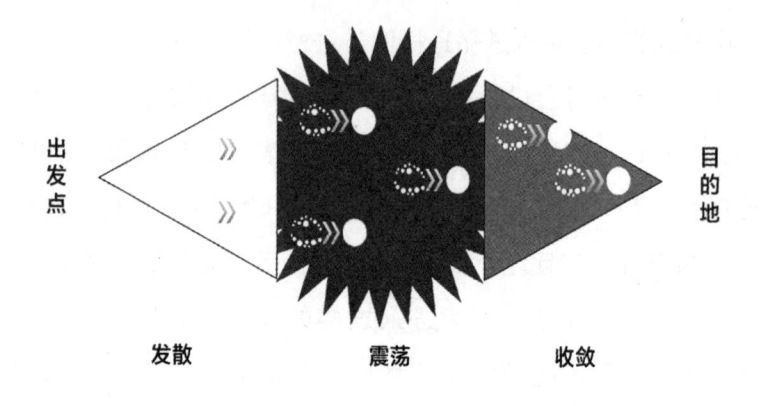

图 7-4　发散-震荡-收敛的钻石模型

高质量的研讨，首先是有目标的，需要让参与研讨的全体人员知道这次研讨最终要取得的成果和目标是什么。实现目标的过程，就是一个发散-震荡-收敛的过程。目标能否达成的关键之一，就是每个人的观点能不能得到充分表达，是否有良好的环境让大家把自己的真实想法表达出来。真实表达不同的观点，就是一个发散的过程。

当各种观点都呈现出来以后，至于哪些观点对实现目标有帮助，哪些观点对团队是有意义的，应展开相应的讨论，这就是震荡的过程。

在震荡的过程中，有可能团队成员之间会发生争吵，甚至是感到绝望，但是随着大家把争吵转化为对话，把绝望转化为勇气，讨论氛围会好转，经过不同观点的碰撞，大家最后会达成共识。达成共识的过程，就是收敛的过程。所以，成功的研讨会需要经历发散、震荡和收敛三个阶段。

我们的日常管理工作或者研讨会没有效果，主要原因可能在发散阶段：没有接纳不同的观点和不同的意见，没有经过高质量的对话，就主观认为大家达成了共识。高质量的研讨会，在研讨过程中可能会发生一些冲突，需要花费更多时间研讨，但经过这样高质量研讨的过程之后，团队成员达成共识，在行动的时候将节约大量组织资源。

作为管理者，经常会遇到两大类问题的决策，一类是问题分析与解决，另外一类是机会找寻与把握。所以，管理者在进行研讨或者管理的时候，首先需要确定当下的主要任务是解决问题还是找寻机会。虽然解决问题和把握机会在决策的流程上大体相同，但是也有不同之处。管理者可以通过掌握这两大类问题的决策，有效提升决策的有效性，降低决策风险。

二、问题分析与解决七步法

引导式管理者如何带领团队进行问题分析与解决呢？这就需要遵循问题分析与解决七步法的双钻石模型（见图7-5）。

作为引导式管理者，首先要带领大家思考到底发生了什么。不要一看到问题，就直接进入解决问题的步骤，而是要去思考到底发生了什么。比如某项目的进度滞后了，不能只关注工程的进度，还要去了解质量目标、工程预算和实际成本有没有出入、相关人员是如何开展工作的等。

引导式管理：目标导向的自我管理新范式

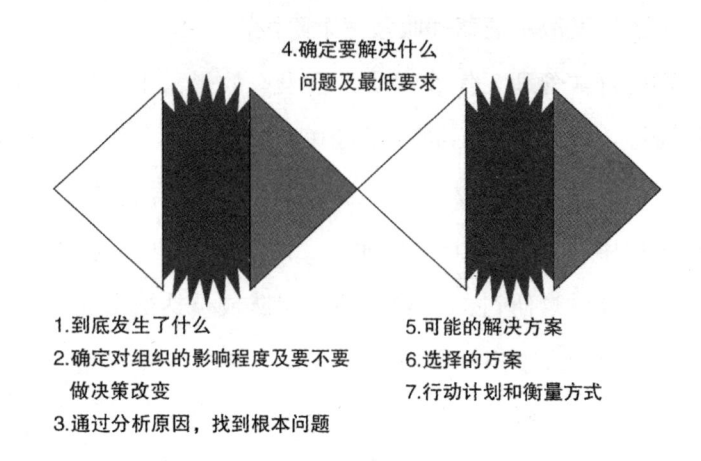

```
                    4.确定要解决什么
                      问题及最低要求



1.到底发生了什么              5.可能的解决方案
2.确定对组织的影响程度及要不要    6.选择的方案
  做决策改变                  7.行动计划和衡量方式
3.通过分析原因，找到根本问题
```

图 7-5　问题分析与解决的双钻石模型

获得相对全面的信息之后，开始思考第二个问题，那就是这样一个结果对组织的影响是怎样的。如果对组织的影响不大，就先等一等，可能决策到此也就结束了。重要的是，判断产生的问题对组织的影响程度本身也是一个震荡的过程。如果该问题对组织的影响非常大，不解决的话可能会产生极其恶劣的后果，就要进一步分析产生该问题的原因是什么，也就要进入第三步。

比如看到项目进度滞后，经过原因分析，发现根本原因是整个项目设计不行。如果没有进行原因分析，只看到进度滞后就直接采取赶工的方式来解决问题，实际上是解决不了根本问题的。通过原因分析，知道根本原因是设计不行，就要从改善设计入手，而不是用赶工解决问题。找到根本原因，才可以确定要解决什么问题。

在上述案例中，表面看是项目进度滞后，但需要解决的问题是设计问题，所以决策的目标就是解决设计问题，通过原因分析，清晰地确定了问题。仅确定问题是不够的，还需要研讨哪些维度的问题解决了，解决问题的最低要求是什么，也就是需要明确决策的边界条件是什么。在此案例中，决策的边界条件可能是设计修改什么时候完成，成本要控制在多少，工程进度的时间节点是什么时候，在以后的工程中防止类似错误发生的举措，设计变更如何用在以后的工程中等。如果这几个维度的要求都能够满足，就说明问题解决了。

清晰地确定问题，就进入了第二个钻石模型，也就是制定解决方案的过程。首先需要思考可能的解决方案是什么。"可能的"是个关键词，通过对"可能的"方案发问，争取使团队成员想到所有可能的方案。这里需要注意的是，每一个方案都有可能解决问题。可能的方案一是只需要更改设计，方案二是在更改设计的同时赶工，方案三是设计不需要改，通过赶工也可以解决问题，团队需要根据实际情况寻找最合适的可能方案。

为什么需要多种方案呢？一方面是帮助团队对解决问题的方案有更深刻的认识；另一方面备选方案也是方案，随着外部环境的变化，可能没有被选择的方案也适用，这样也可以帮助团队早做准备。比如最后选择的方案是更改设计加赶工，团队可以通过团队共创的方式，制定行动方案。此外，还需要在决策的时候考虑通过合理的衡量方式激发团队。更为重要的是，要通过周期性地衡量项目进展来判断决策是否正确，如果不正确可以及时调整。

三、机会找寻与把握七步法

作为管理者,如何找寻与把握机会呢?

管理者可以借助机会找寻与把握的双钻石模型(见图7-6)。首先还是要了解到底发生了什么事,这些事可能给组织带来的机会是什么。比如,最近整个工程的进度和原计划的时间节点相比提前了,那么可以了解一下成本、质量、人才等方面的信息。

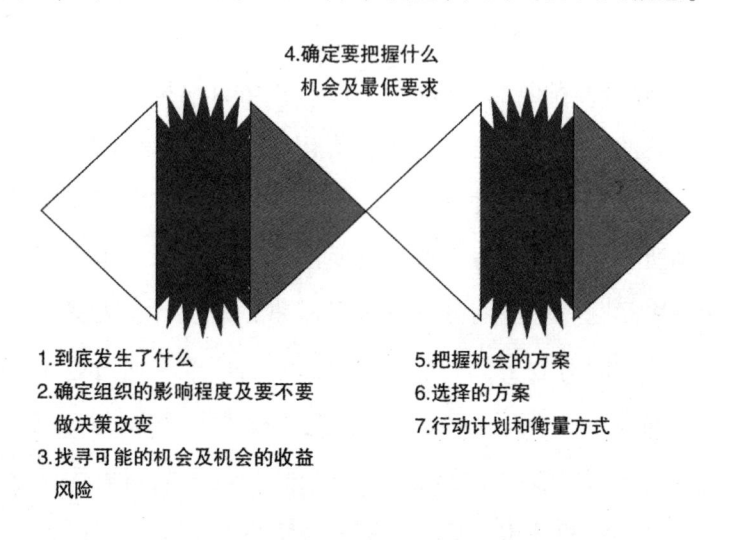

4.确定要把握什么机会及最低要求

1.到底发生了什么
2.确定组织的影响程度及要不要做决策改变
3.找寻可能的机会及机会的收益风险

5.把握机会的方案
6.选择的方案
7.行动计划和衡量方式

图7-6 机会找寻与把握的双钻石模型

表面现象是工程进度比原计划的时间节点提前,但实际上需要把握的机会可能是采用了新的设计方案,或者采用了新的施工方法,也有可能是采用了新的施工材料。然后需要判断这件事对组织的影响如何,需不需要决策。如果进度超前,对工程没有什么影响,对工作的改进和机会的把握没有什么影响,可以不干预。

但是，如果大家觉得这是一个非常好的机会，通过对这个机会的探寻，可以使工程提前完成，并且可能会提升整个项目的绩效或者提升团队的管理水平，这个时候就可以思考进入第三个阶段，即带领团队思考并找寻可能的机会，并弄清楚每一个机会的收益风险是什么，可以用风险收益矩阵来帮助团队思考哪些机会值得把握。

大家经过思考后，认为需要把握的机会是要把新的施工方法在整个项目中推广。而要做到这一点，在资金、人力、项目进度和质量标准等方面都需要达到最低要求。接下来就进入第二个钻石模型了，需要思考如何把握这个机会，为了把握这个机会可能的解决方案有哪些，并确定目前最合适的解决方案。最后，根据所选择的解决方案，制订行动计划和衡量方式，用衡量方式来判断这是不是真正的机会。

这两个模型有助于引导式管理者在日常工作中提升团队的整体系统思考能力、有效解决问题的能力、把握机会的能力。引导式管理者可以根据实际业务情况灵活调整。

第五节　成为高效会议的推动者

作为引导式管理者,很多管理工作都是通过会议的方式进行的。各种会议占用了管理者大量时间和精力,因此,能否成为高效会议的推动者,对管理者的工作是否有效至关重要。

一、高效会议的特点

关于高效会议,彼得·德鲁克是这样说的:"有效的管理者在会议开始时,会先说明会议的目的和要达成的贡献。同时,他还设法让会议紧紧围绕着主题。他绝不会使会议成为一次摆龙门阵的机会,任大家随便发言。当然,如果会议的目的是激发大家的思想和创新,他也不会仅让某一个人滔滔不绝。他会刺激每一位与会人员的发言兴趣。但是在会议结束之前,他会回到开场所介绍的主题,使会议获得的结论与主题相符。"引导的所有方法、流程和基本原理都可以非常有效地帮助管理者成为高效会议的推动者。

二、高效会议的流程

在会议召开前,引导式管理者首先需要思考的是这次会议有没有必要召开。如果这次会议需要做出决策，那就是召开会议的有效理由；如果这次会议不需要做出决策，那就不必召开。相关问题可以通过其他方式来解决，所以，要为决策而召开会议，不开不必要的会议。

如果决定召开会议，作为一个引导式管理者，需要确定会议的目标是什么，会议的结果如何，会议所有的参会人员需要以什么样的方式参与到这次会议中来。在会议召开之前要思考谁是发起人，谁是参与者，目前整个组织的运营怎么样，组织的外部环境和本行业的变化怎样，等等问题。特别是针对目前组织内部的情况，从战略的匹配度、战略的明晰程度、员工和战略的匹配、员工的胜任力等方面进行诊断。通过系统的思考之后，确定这次会议的结果怎样，参与者需要以什么样的形式参与会议。

引导式管理者需要思考，在这次会议中自己的角色是发起人、主持人还是参与者？这三个角色是不一样的。发起人往往是提出议题的人，主持人是在会议中激发大家讨论热情的人，帮助参与者更容易地实现目标，也可以把主持人称为引导者。作为管理者，如果想参与到讨论中，提出自己的想法，作为参与者是比较合适的，而不是引导者。如果选择引导者，就尽量不要参与讨论。

引导式管理者需要明确在这次会议中自己的角色。如果是引导者，需要亲自设计流程；如果是发起人，可以选择其他人担任引导者，并对其他引导者设计的流程进行确认。引导者需要根据会议的目标和参与者的情况设计合适的流程和方法。

流程得到发起人的确认后，就进入会议的探讨阶段。在此过程中，作为引导者需要始终对探讨的内容保持中立，对流程进行控制，并激发整个团队的参与热情。在整个研讨会中，引导者要时时刻刻以结果为导向，当参与者的研讨方式对结果有影响的时候，要做适当的干预和调整；要时刻体察是否某一位员工的观点会主导大家的讨论，如果有一个人的观点取代了所有人的观点，就要去关注是否有参与者没发言，要给他们提供机会，让他们的观点得到表达。

在会议结束的时候，引导者要跟大家明确后续的工作是什么。同时，作为引导式管理者，不要把这次会议作为终点，而要把它作为变革的开始，需要进行落地指导，并跟进会议中各项决议落地的情况。

三、进行高效会议的原则

对于引导式管理者来讲，想要提升会议的有效性，需要坚持的原则有以下几条。

第一，对于组织中经常发生的事情，通过规则和制度来解决。在很多组织中，所谓的问题分析与解决就是头疼医头脚疼医脚，这次的问题解决了，下次类似的问题还会发生。所以，作为引导式管理者，在分析问题或者机会的时候，要思考这次发生的事情对于组织来讲是偶然的还是以后可能再次发生。如果以后还可能发生，而且发生的概率比较高，那就要通过流程和制度来解决。高效的管理者在用流程和制度解决问题的时候，会修订或者放弃原有的流程，而不是不停地增加新的流程。

第二，构建安全开放的环境。作为引导式管理者，为了让大家展开研讨，会让最适合的人担任研讨会的引导者，同时会通过流程和问题的设计，给参与者创造一种安全开放的环境，保证每个人的观点都能够得到表达。彼得·德鲁克也曾说，决策始于观点而非事实，正因为不同的观点给予了事实真相，所以在研讨时，要尽量放下自己的执念，去拥抱不同的意见。

第三，时刻保持目标清晰。引导式管理者是以目标为导向的，目标体现在整个管理体系中。整个管理过程中的每一个环节，都在检视对整个目标的达成是否有帮助，如果没有帮助，要随时调整。

第四，过程结构化的思考。作为一个引导式管理者，在带领团队研讨的过程中，需要具有结构化思考的能力。引导式管理者通过结构化的思考方式，可以帮助团队更有效地达成目标。使用 HRFC 模型的管理者需要根据管理工作围绕着发生了什么、立即的反应是什么、发现了什么、改变了什么等这样一种结构化的思维方式去思考。

第五，遵循双钻石模型展开研讨。作为引导式管理者，无论是设计大项目还是大项目中的某个环节，都要遵循发散-震荡-收敛的模式研讨，帮助团队明确方向，找到事情发生的根本原因，最后对改进计划达成共识。

第六，适当地干预，保证会议效果。当团队在前进的道路上偏离方向，特别是会对最后目标的达成产生影响时，引导式管理者会通过各种干预手段来保证管理效果。反馈是最常见的干预方式。

第七，掌握多种会议工具，并且利用好自身。作为引导式管理者，需要掌握多种工具，并能根据目标的完成情况、参与者的状态轻松选择合适的工具。更重要的是，通过自己状态的调整，使用好自己这个最大的资源，以帮助团队达成共识，实现目标。

第六节　由内而外的体系化成长

一、引导式管理的"易"与"不易"

引导式管理者是依靠共识推进团队目标的。引导式管理者通过综合使用环境、目标、过程、行为工具等，帮助团队成员达成共识，帮助自己和团队成员之间建立信任，进而推进团队实现目标。

引导式管理者，可以使管理变得更加容易，既然有容易，就一定有不易，引导式管理者有"易"与"不易"（见图7-7）。

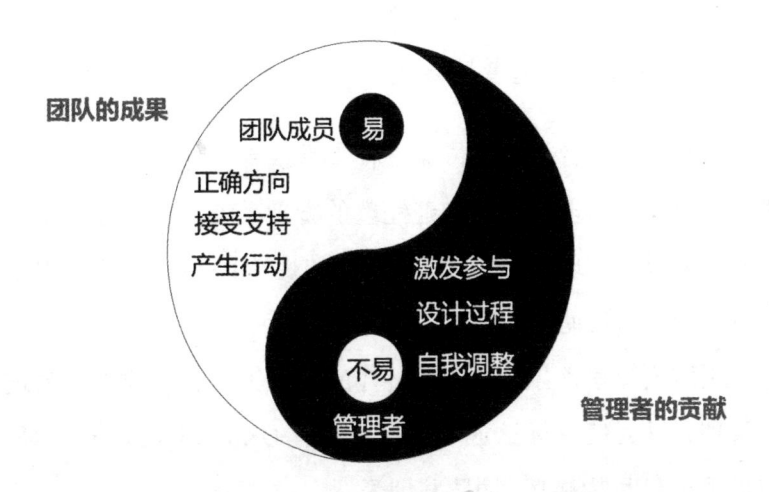

图 7-7 引导式管理者的"易"与"不易"

引导式管理为什么能够帮助管理者更容易地带领团队？因为通过引导式管理，团队成员更容易找到正确的方向，对于前进的方向、改进的路径，团队成员也更容易达成共识，更容易接受并且支持。因为前进的方向是团队成员一起找到的，而且都能够接受并支持，所以发生改变进而产生行动也就是自然而然的事情了。

"容易"是针对组织和个体来说的，对于引导式管理者来说是不容易的。引导式管理者要时刻围绕如何激发团队成员共同参与展开工作，并且根据目标和团队成员的情况进行流程和过程的调整。在整个项目推进过程中，引导式管理者要反复进行自我调整和自我控制，并通过自我控制这件不太容易的事来帮助团队成员更容易地实现目标。

二、引导式管理者的体系

引导式管理者并不是依靠一种工具或者一种流程来进行管理的。引导式管理者需要构建完整的管理系统,并通过该系统激发团队成员实现预定的目标,从而实现"1+1+1=∞"。引导式管理者如何帮助团队达成这样的成果?

引导式管理者会通过各种各样的引导工具和管理工具来进行管理,以促使目标达成。管理工具有 OKR、平衡积分卡等,引导工具有世界咖啡、团队共创等。

只有引导工具和管理工具并不够,引导式管理者还需要具有结构化的思维能力、流程设计能力,以及在流程进行中进行干预的能力,从而带领团队达成目标。

有了工具和流程就一定能带领团队取得结果吗?答案是未必。引导式管理者的状态也很重要,在整个项目推进过程中要保证自己是一个真实的人、一个积极向上的人、一个诚信的人。这样才能够真正让参与人员产生信任,有了信任,流程和工具才会起效。

帮助团队取得绩效、达成目标是管理者的责任。真实、积极、诚信、责任感是管理者需要具备的品质。如果管理者具备,可以更加容易地带领团队成员实现目标。

引导式管理者的胜任力模型和管理体系,可以系统地帮助管理者提升管理工作的有效性。

第八章

进阶引导式领导者

引导式管理是提升个体领导力的有效方法,管理者通过践行引导式管理的方法可以有效提升领导力,帮助管理者快速成为领导者。

第一节　正确理解领导者和领导力

一、何谓领导者

团队成员对领导者的信任是什么？既不是对领导者的喜爱，也不是认同，而是确信领导的话是真心实意的，没有信任，领导者就没有追随者。说到底，对领导者的唯一定义就是有没有追随者。

二、正确理解领导力

领导力到底是什么呢？彼得·德鲁克是这样定义领导力的：领导力就是把一个人的视野提升到更高的境界，把一个人的成就提高到更高的标准，锤炼其人格，使其超越正常局限。

领导力不是魅力和领导素质，它是一项要求，是一种工作，那些最有成就的领导者对此强调了一遍又一遍。领导者有效领导的基础是清晰、准确地确定组织使命。

领导者制定目标、明确重点、确定并坚持标准，当然也要进行必要的妥协。实际上，成功的领导者总是能够痛苦地认识到他们无法控制一切，但是在妥协之前，他们必然已经思考过什么是对的，什么是值得做的。

领导者的首要任务就是大力宣传正确的观点。目标是区分正确领导与错误领导的试金石，在现实条件约束下做出的协调——包括政治、经济、财务、人力等方面——是否与他的使命或者目标一致，决定了他是不是一个有效的领导者。另外，他是否坚持一些基本标准并身体力行，则决定了他是否拥有忠实的跟随者。

领导者要视领导为一种责任而非职位和特权。真正的领导者从不纵容下属，但是当出现问题时也不会责怪别人。领导者的唯一定义就是拥有追随者。信任一个领导并不意味着喜欢他，也不一定总是与他意见一致，信任是坚信领导者言行一致。领导者的行为和公开宣传的信仰必须是一致的。真正的领导者并不一定聪明过人，但必须言行一致。

卓有成效的领导力应该建立在充分考虑并明确该组织的任务之上。领导者应该是确定目标、决定优先顺序、制定标准并保证目标顺利实现的人。领导力依靠的不是聪明才智，而是言行一致、表里如一的品质。

第二节 从管理者到领导者

引导式管理可以帮助管理者更容易成为领导者,引导的工作方式,可以在以下三个阶段帮助管理者成长。

一、下载

下载阶段,引导式管理者要通过自我调整,放下自己的评判,从多个角度去了解发生了什么,尽可能获得相对全面的信息。管理者放下自己的评判是非常重要的,特别是随着职位越来越高,面对发生的事情,往往更容易有自己的主观评判。由于管理者以往取得了成功,很容易把自己的评判当作成功的经验,特别是当团队成员的观点和自己的观点不一致时,会认为团队成员的想法不成熟或者不切合实际。

当管理者有这种想法时,是非常危险的,容易陷入昨日的成功无法走向未来。管理者的这种反应,可能会使团队成员不愿意表达或者只按照管理者的意愿表达,这将使管理者无法获得相对真实的信息,就更别提信息的处理了。引导式管理者应放下自己的评判,激发团队成员表达自己的想法,通过不同的观点,尽可能了解发生了什么。

二、当下

多元化的观点才可能还原事实真相。引导式管理者获得多元化的信息之后,需要带领团队进入当下的状态。想要带领团队进入当下的状态,管理者自己要先进入当下的状态。

什么是当下的状态?发自内心地接纳当下发生的事情,并将其当成创造未来的基础。领导者本人及团队不仅要通过理性的视角去看发生了什么,还要通过感性的视角去感受当下发生的事。感受当下发生的事情是非常重要的,因为感受的过程也是洞察外部环境的过程。只有打开自己的身心,才能真正感受当下发生的事情,进而了解对方的痛点是什么、想获得什么。

引导式管理者会积极对待当下发生的事情,积极对待做事情的人,并且对未来充满希望。引导式管理者会正向思考,用面向未来的视角积极看待当下发生的事,从而把握机会而不只是解决问题。

三、生成

进入当下的状态、洞察发生的事情、拥有积极的心态后,引导式管理者会和团队成员一起通过引导框架下的对话对前进的方向达成共识。在前进的方向明确以后,可以根据不同的情境探索多种可能的解决方案,并选择最合适的方案和团队成员制订可以前进的、可以执行的行动计划。生成的过程,是管理者带领团队真正迈向未来的过程（见图8-1）。

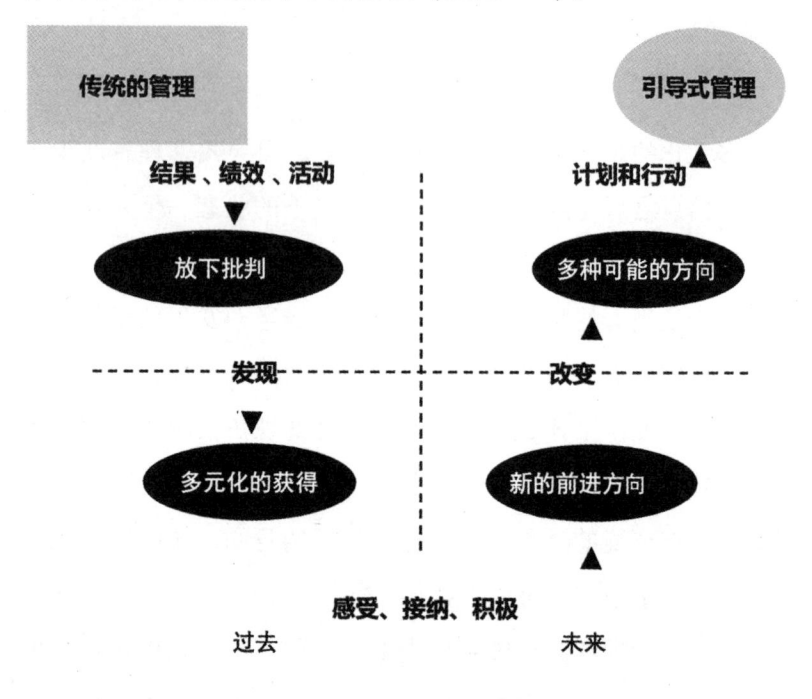

```
传统的管理                    引导式管理
   结果、绩效、活动           计划和行动
        ▼                         ▲
     放下批判                  多种可能的方向
                                   ▲
------- 发现 -------|------- 改变 -------
        ▼
    多元化的获得              新的前进方向
                                   ▲
        感受、接纳、积极
   过去                         未来
```

图8-1 迈向引导式管理

在不同管理场景下，无论是战略思考、目标分解、团队融合还是复盘，引导式管理者都会经历"下载-当下-生成"的过程。这样一个过程，对于管理者来说也是践行彼得·德鲁克卓有成效的管理"最先听、最后说"的过程。通过这样一个过程，管理者可以帮助团队成员看到更加全面的信息，使他们之间发自内心地产生连接，积极去创造未来。这样一个过程，也是管理者提升领导力的过程。

第八章 | 进阶引导式领导者

第三节 引导式管理者的价值体系

一、引导式管理者的七大价值体系

作为引导式管理者,是有明确的价值体系的。引导式管理者有七大价值体系。

(一)诚实正直,保证言行一致

这一项在引导式管理者的核心胜任力模型中处于中心位置。引导式管理者想要获得团队成员的信任,诚实正直、保证言行一致是基础,做不到这一点,有效的管理将无法开展。也就是说,作为一名引导式管理者,需要做到"按说的做,按做的说"。

(二)相信团队成员的智慧和成长性

引导式管理者要相信团队成员都是充满智慧的,每一名成员都是可以成长的。引导式管理者会选择相信团队,在和团队就目标达成共识的前提下,允许团队成员就如何实现目标自己做决策,并尽力为之配备资源。

(三)尊重团队成员,包容多元文化和个性

引导式管理者要尊重团队中的每一位成员,在包容多元文化和个性的前提下,通过对话对前进的目标达成共识。团队成员的多样性是团队最大的财富,努力创造环境,使个性化的个体智慧变成组织的财富和力量。

(四)努力构建安全的对话环境

引导式管理者相信团队可以通过对话设想未来,引导式管理者需要通过准备安全的空间、流程、氛围来支持高质量的对话产生。空间指合适的对话环境,比如场地、场域等;流程指对话的方法,团队的每一位成员都能安全地表达自己的想法;氛围指对话的方式,团队成员可以相互鼓励,没有顾忌地表达自己的真实想法。

(五)通过引导方法提升团队的绩效

引导式管理者相信引导的方法是可以提升团队绩效的,并且会在团队中展示引导式管理的价值。引导式管理者通过一系列引导工具、方法和流程,提升团队的绩效。

(六)通过自我控制管理团队

引导式管理者会通过自我控制来提升影响力。引导式管理者通过调整自己的管理状态,使用合适的工具、方法和流程使团队成员实现以目标为导向的自我管理。

(七)持续提升自己的管理能力和引导能力

外部环境时刻在变,管理的方法和对象也在变化,引导式管理者需要持续提升自己的管理能力和引导能力,对个体的持续改进负责。

二、引导式管理者的内外统一

引导式管理者的价值体系，对于管理者的成长是至关重要的。它就像大树的树根一样，需要成为管理者的内在真我。引导式管理者要努力成为诚信、积极、真实的人，对自己所从事的工作愿意承担起责任，建立对自己的安全感，也愿意给自己的团队成员构建安全的环境（见图8-2）。

图 8-2　引导式管理者的内在

有了稳定的内在，引导式管理者会把自己的内在、自己的价值体系展现出来，通过自己的言行举止、管理方法影响团队成员。在团队中，引导式管理者是帮助团队确定方向的人，是以身作则的人，是在团队实现目标的过程中激发大家参与积极性并且经常可以跟团队进行复盘的人，是以支持者的角色出现的人（见图8-3）。

引导式管理：目标导向的自我管理新范式

1. 确定方向
2. 带头表率
3. 激发参与
4. 复盘反思
5. 提供支持

图 8-3　引导式管理者的外在表现

通过内外的结合，管理者实现了内外统一，从内部的真我到外部的表现实现了和谐统一。管理者通过这样的自我修炼，最终使自己成为一个言行一致、内外统一的人（见图 8-4）。

呈现

真我

言行一致、内外统一

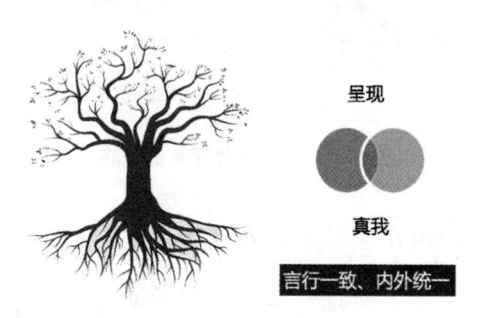

图 8-4　引导式管理者的内外统一

当管理者内外统一、言行一致，也将有助于管理者成为一名领导者。

第四节　引导式管理助力管理者成为领导者

如果管理者能够成为内外统一、诚信、积极、真实、有责任感、有安全感的人，并且在团队中能够帮助大家确定前进方向、以身作则、激发大家参与的积极性、带领大家复盘、为大家提供支持，相信绝大多数人都愿意追随这样一位管理者。大家选择追随这位管理者之后，这位管理者就成了领导者。引导式管理的各种实践，对于帮助一位管理者提升领导力、成为领导者颇有助益。

一、只拥有职位的管理者不是领导者

引导式管理的方法和体系，将助力管理者成为领导者。领导者和管理者最大的区别就是管理者没有追随者。一个人走上管理岗位之后，天然拥有这个岗位所赋予的权力，团队成员需要通过这些权力来取得绩效，所以不得不追随管理者，但他们追随的并不是管理者这个人，而是这个职位所拥有的权力。所以，仅仅依靠权力进行管理的管理者，并不是领导者。

二、成为关心下属的领导者

管理者与团队成员逐渐熟悉后,可以关心团队成员的工作和生活,帮其解决工作和生活中的困难。这样一来,团队成员会因为管理者个人的关系愿意追随他。但这个时候,团队成员还是更看重自己的利益,而不是团队的利益,从这个阶段开始,管理者走上了领导者的道路。

引导式管理者需要和团队成员达成共识,他会关注每一个团队成员,会和团队成员建立良好的关系,并且在引导中采用倾听、发问的技巧,促进和团队成员的关系。更为重要的是,引导式管理者的真实、诚信、积极会帮助管理者和团队成员之间建立起信任。

三、成为带领团队取得绩效的领导者

随着管理工作的推进,如果团队成员觉得跟着自己的上司工作,可以取得卓越的绩效,可以完成以前完成不了的工作,团队的绩效提升了,自己的收入也提高了,所以愿意跟随这样一位领导者,那么这位领导者的领导力就提升了。他因为可以带领团队取得卓越绩效,而获得了追随者。

引导式管理会通过多元化的观点、结构化的流程、团队成员的参与等帮助团队制定适合团队的、有挑战性的目标。引导的过程,也是激发团队成员积极性的过程,目标清晰了,团队成员被激励了,团队的绩效自然而然也就提升了。引导式管理可以有效帮助团队取得高绩效，从而更容易得到团队成员的支持。

四、成为培养优秀管理者的领导者

领导者只关注物质层面的绩效是不够的。如果领导力只停留在这个层面，当你不能带领团队取得绩效时，可能原来的追随者也就离你而去了。如果团队成员发现这样一位管理者，跟着他不仅可以取得良好的绩效，更为重要的是，他还关注你的成长，能让你的业务能力、管理能力都得到提升，你自然会追随他。

引导式管理者在管理的过程中，管理的整个逻辑框架是非常清晰的。团队成员可以参与并且有权力选择实现目标的方式，这样的管理过程也是非常好的培养团队成员的过程，可以迅速提升团队成员的系统思维，并且让其有机会体验整个管理流程和管理方法。在领导者的培养下，团队成员也会成为管理者。

五、成为培养领导者的令人尊敬的领导者

如果管理者在管理工作中展现了诚信、积极、真实、有责任感等特质，能够帮助团队厘清目标，支持团队目标的实现，给团队带来了不可估量的价值，并且关注团队成员的成长，起到了很好的示范作用，使团队成员想成为像领导者那样的领导者，并一步步真的成了领导者，那么这位领导者就是培养领导者的令人尊敬的领导者。领导者变成了培养领导者的领导者，

赢得了团队成员发自内心的尊重,这是领导力发展的最高境界。

  成为培养领导者的领导者是非常不容易的,需要大量的实践、反思、精进。而践行引导式管理的过程,也是达到这一目的的过程。引导式管理并不是一种简单的方法,而是有一套方法体系,更重要的是还有一套价值体系。引导式管理的价值观和价值体系,可以帮助团队成员看得更远、取得更好的业绩,更为重要的是可以帮助团队成员成为向善、向好的人。

  引导式管理者的价值体系和彼得·德鲁克领导力的概念不谋而合。引导式管理是提升管理者领导力,帮助管理者成为领导者的有效方法。

结束语

迈向引导式领导者之路

非常感谢各位读者能够在百忙之中抽空阅读这本书，管理不在于知而在于行，其验证不在于逻辑而在于结果，其唯一的检验标准就是绩效。在阅读完本书之后，你可以做什么呢？

可以反思一下在现阶段的工作中，自己的管理行为是什么样的，这些管理行为背后的管理理念是什么，当下你是怎样对待你的下属、你的同事和你的领导的，你是怎么对待工作的……

通过对本书的学习，你想要成为什么样的人？为了成为这样的人，需要展示什么样的行为？这些行为背后需要什么样的理念和价值观？为了让自己有这样的理念和价值观，你在阅读完这本书以后需要做什么？……

一年之后你想成为什么样子？你现在的状况怎么样？为了成为一年后想成为的样子，你可能要做的三至五件事情是什么？为了做这三至五件事，你需要加强什么样的技能训练，需要得到谁的帮助？最为关键的是，在三天内你要去做什么？你取得成果之后，需要分享给谁，要助力哪位管理者成为领导者？（见下图）。

结束语｜迈向引导式领导者之路

一年后你想成为的样子

我的现状？	需要找谁帮助	加强的技能	第一步三天内	我可能做到的三至五件事？
			分享给谁？	

个人成长之旅